독서
습관

글
비행학교
시리즈

수학 공식 같은 글쓰기, 책 읽기 요령에서 벗어나 진솔하게 글을 읽고 쓰는 삶의 실천 가이드
입니다. 나아가 우리 사회에 건강하고 개성 있는 콘텐츠가 계속 쌓일 것을 기대합니다. 읽을
(read) 수 있다면, 쓸(write) 수 있다면 살(live) 수 있습니다.

삶의 지갑을 바꾸는 1장 독서

돈 버는 독서 습관

초판 1쇄 2024년 10월 31일

지은이. 정석헌
펴낸이. 김태영

씽크스마트 책 짓는 집

경기도 고양시 덕양구 청초로66
덕은리버워크 지식산업센터 B-1403호
전화. 02-323-5609

홈페이지. www.tsbook.co.kr
블로그. blog.naver.com/ts0651
페이스북. @official.thinksmart
인스타그램. @thinksmart.official
이메일. thinksmart@kakao.com

ISBN 978-89-6529-420-7 (13320)
© 2024 정석헌

＊씽크스마트 - 더 큰 생각으로 통하는 길
'더 큰 생각으로 통하는 길' 위에서 삶의 지혜를 모아 '인문교양, 자기계발, 자녀교육, 어린이 교양·학습, 정치사회, 취미생활' 등 다양한 분야의 도서를 출간합니다. 바람직한 교육관을 세우고 나다움의 힘을 기르며, 세상에서 소외된 부분을 바라봅니다. 첫 원고부터 책의 완성까지 늘 시대를 읽는 기획으로 책을 만들어, 넓고 깊은 생각으로 세상을 살아갈 수 있는 힘을 드리고자 합니다.

＊도서출판 큐 - 더 쓸모 있는 책을 만나다
도서출판 큐는 울퉁불퉁한 현실에서 만나는 다양한 질문과 고민에 답하고자 만든 실용교양 임프린트입니다. 새로운 작가와 독자를 개척하며, 변화하는 세상 속에서 책의 쓸모를 키워갑니다. 흥겹게 춤추듯 시대의 변화에 맞는 '더 쓸모 있는 책'을 만들겠습니다.

자신만의 생각이나 이야기를 펼치고 싶은 당신.
책으로 사람들에게 전하고 싶은 아이디어나 원고를 메일(thinksmart@kakao.com)로 보내주세요. 씽크스마트는 당신의 소중한 원고를 기다리고 있습니다.

돈 버는 독서 습관

삶의 지갑을 바꾸는 1장 독서

정석헌 지음

정석헌 | 필명 '오류'

7년간의 독서 노트와 1,600개의 메모를 바탕으로, 책을 통해 얻은 통찰을 글로 나눈다. 5년 차 살사 댄서이기도 한 그에게 춤은 자아를 표현하는 또 다른 언어다. "내가 사랑하지 않거나 나를 사랑하지 않는 것은 나에게 영향을 주지 못한다"라는 그의 철학은 글쓰기와 춤에 고스란히 녹아있다. 여행하길 좋아하며, 혼자 전율하고 희구하기엔 아까운 문장들을 유쾌한 성찰로 독자들과 나누며 독자들의 마음을 울린다.

쓴 책으로는 『책 제대로 읽는 법』, 『인생은 살사처럼』이 있다.

브런치 https://brunch.co.kr/@katarsys
이메일 katarsys@naver.com

대한민국
독서 현실

먼저, 이 책을 선택해 준 당신께 감사를 전한다. 이 책은 이번 생에 독서를 처음 시작하는 사람들을 위한 책이자, 독서 습관 만들기에 실패한 사람들을 위한 책이기도 하다. 이 책은 야금야금 전략을 다룬다. 집중력이 5분도 넘지 않던 예전 나 같은 이들을 위해 지난 7년 독서 경험을 이 책에 담았다. 마치 가랑비에 옷이 젖듯, 이 책을 통해 독서를 습관으로 만드는 데 성공하길 바란다.

부자들과 성공한 사람들이 한결같이 독서 습관을 강조한다. 그 이유는 무엇일까? 단순히 몸값을 올려 돈을 벌어주기 때문일까? 마이크로소프트의 창업자 빌 게이츠는 "하버드 졸업장보다 소중한 것이 독서 습관"이라고 말했다. 그들은 독서가 삶을 바꾸고, 안목과 관점을 키우며, 자신을 돌아보고 타인을 이해하는 능력을 길러주며 우리를 더 나은 행동으로 이끈다고도 말한다. 이것이 바로 진정한 독서의 힘이다.

이 사실을 알기에 그들은 바빠도 책을 읽는다. 그렇다면 우리의 현실은 어떨까? 2023년 독서 실태 조사에 따르면 2013년까지는 10명 중 7명이 1년에 한 권 이상 독서를 했지만, 지금은 10명 중 3명만이 종이책을 읽는다. 2008년 유튜브가 국내에 들어온 뒤, 영상 콘텐츠 소비가 급격히 늘어난 시점도 2013년이다. 그 이후로 문해력 논란도 시작됐다.

책을 읽지 않는 가장 큰 이유는 시간 부족이다. 재미있는 영상들이 넘쳐나는 세상이니까. 그런데 정말 시간이 부족한 걸까? 아니다. 독서에 시간을 내고 싶지 않은 것이다. 책을 읽어봤지만, 별다른 효과가 없었기 때문일 것이다. 왜 효과가 없었을까? 지속하지 않았기 때문이다. 책 몇 권 읽는다고 인생이 바뀌진 않는다. 잘하지 못하는 것을 잘하는 방법은 딱 한 가지, 바로 오랫동안 지속하는 것이다.

지하철이나 버스에서 대부분이 유튜브나 쇼츠, 게임에 빠져있는 모습을 쉽게 볼 수 있다. 하루에 영상을 2시간 이상 접하는 사람도 많을 것이다. 지나간 시간은 돌아오지 않는다. 만약 하루 15분만 꾸준히 독서에 시간을 쏟는다면, 1년 후 삶은 어떻게 변할까? 타인의 삶에만 정신 팔려 내 삶을 놓치고 있는 건 아닌지 생각해 보자.

우리는 왜 타인의 생각에 쉽게 휩쓸릴까? 하

버드 교육대학원 교수 토드 로즈는 『집단 착각』에서 설명한다. 인류는 사회적 동물로서 집단 사고에 익숙해졌고, 주변 사람들의 행동을 모방하고 동조하는 성향이 강하다는 것이다. 이 때문에 우리는 잘못된 정보를 바탕으로도 집단적 착각에 빠질 수 있다.

OECD 국가 중 자살률 1위인 대한민국에서, 물질적 풍요가 삶의 최우선 가치가 되어버린 사회적 고정관념은 사람들을 소외감과 자기 상실감에 빠뜨린다. 자살은 내가 살고 싶은 삶을 살지 못하고, 사회가 나를 거부한다는 압박감에서 비롯된다. 혹시 이 고정관념 자체가 거대한 착각은 아닐까?

인터넷과 SNS, 추천 알고리즘은 이런 집단 착각을 더 빠르게 확산시킨다. 선동하는 콘텐츠에 끌려다니며 우리는 진실을 착각하게 된다. 그 끝은 양극화다. 스마트폰 속 세상에서 우리는 각자 고립되어, 함께 악몽을 꾸는 듯한 현실을 살아가고 있다.

책 『신경 끄기의 기술』로 유명한 마크 맨슨 작가도 비슷한 취지의 영상을 유튜브에 올렸다. "세계에서 가장 우울한 나라를 여행했다"는 제목의 영상은 언론사를 통해 보도되기도 했다. 맨슨은 한국 사람들이 어릴 때부터 공부에 엄청난 압박을 받는다고 말하며 경제는 발전했지만, 한국의 유교 문화가 사람들에게 자기 자신을 희생하라고 강요하면서 외로움을 더 크게 만들었다고 지적한다. 유교의 가장 나쁜 부분은 남겨두고 가장 좋은 부분인 가족·지역사회와의 친밀감은 버린 듯하다며 자신의 생각을 밝혔다. 또 자본주의 최악의 측면인 물질주의와 생활비 문제를 가진 반면, 가장 좋은 부분인 자기실현과 개인주의는 무시했다면서 "개인적으로는 이런 상충하는 가치관의 조합이 엄청난 스트레스와 절망으로 이어졌을 수 있다고 본다"고 덧붙였다.

　이런 냉혹하고 잔인한 현실에서 벗어나는 방법은 무엇일까? 바로 독서다. 꾸준한 독서 습관이 물질적 풍요에 집착하는 사회의 집단 최면에서 벗어나게 돕는다.

　샌프란시스코의 한 서점에는 "책은 위험한 생각을 불러일으킨다"라는 글귀가 있다. 소설가 김영하는 "책은 생각보다 훨씬 강력한 힘을 가지고 있으며, 역사 속에서 금지되거나 불태워진 적이 많다"라고 말한다.

　미국 철학자 윌리엄 제임스의 명언을 떠올려 보자. "생각이 바뀌면 행동이 바뀌고, 행동이 바뀌면 습관이 바뀌며, 습관이 바뀌면 성품이 바뀌고, 성품이 바뀌면 운명이 바뀐다."

　생각을 바꾸는 것, 그것이 첫 번째 단계다. 그

리고 생각을 바꾸는 출발점이 바로 독서 습관이다. 매일 독서를 하며 생각을 자극하면, 언젠가 당신의 생각도 바뀔 것이고, 그 결과 운명도 달라질 것이다. 그러니 서두르지 말고, 멈추지 말자. 매일 두 쪽씩 책을 읽으며 습관을 만들어 가자. 처음엔 내가 습관을 만들지만, 나중에는 습관이 나를 만들 테니까.

철학자 비트겐슈타인은 "내 언어의 한계는 내 세계의 한계다"라고 말했다. 세상은 우리가 사용하는 문자로 만들어져 있다. 만약 사용할 수 있는 문자의 수가 늘어난다면, 독서를 통해 우리 자신만의 언어를 만들 수 있다면, 이전보다 더 풍요로운 세상을 만나게 될 것이다. 이 책에서 말하는 독서 습관이 그 출발점이다.

목차

1
독서는 가장
확실한 재테크다

"

지식에 투자하는 것이 가장 이윤이 높다.

벤자민 프랭클린

현대 사회는 다양한 재테크 방법과 투자 기회로 넘쳐나지만, 사람들은 진정한 부를 이루는 데 있어 가장 기본적이고도 중요한 투자, 바로 자신에게 하는 투자를 종종 간과하곤 한다. 특히 경제적 자본이 충분하지 않은 상황에서는 더욱 그렇다. 그러나 내가 강조하고 싶은 것은 바로 독서야말로 자신에게 하는 가장 확실한 재테크라는 것이다. 돈을 굴리는 것보다 더 중요한 것은 자신의 재능과 가치를 높이는 일이며, 이는 독서를 통해 충분히 가능하다.

먼저, 독서의 가치에 대해 생각해 보자. 독서는 우리에게 새로운 지식을 제공하고, 생각의 폭을 넓혀주며, 깊이 있는 통찰을 가능하게 한다. 이는 단순히 지식의 축적에 그치지 않고 우리의 사고방식과 문제 해결 능력, 그리고 창의력을 강화하는 데 기여한다. 예를 들어 경제학을 공부하며 투자와 금융 시장에 대한 이해를 높이거나, 역사책을 통해 인류의 과거와 현재를 연결하는 통찰을 얻을 수 있다. 이러한 지식과 통찰은 우리가 세상을 바라보는 시야를 넓혀줄 뿐만 아니라 실질적인 삶의 선택에서 더 나은 결정을 내리게 도와준다.

독서는 또한 자신의 능력을 발전시키는 데 필수적인 도구이다. 어떤 분야든지 깊이 있는 이해를 필요로 한다. 이를 위해서는 관련된 이론과 실천적인 사례를 학습하고, 이를 실제로 적용하는 과정이 필요하다. 독서는 이 과정에서 가장 중요한 역할을 한다. 새로운 기술을 배우고, 복잡한 개념을 이해하고, 다양한 문제를 해결하는 데 필요한 기본기를 제공하는 것이 바로 독서다. 나아가 독서를 통해 얻은 지식은 자신만의 독창적인 아이디어와 결합하여 새로운 가치를 창출할 수 있게 한다. 이는 독서가 단순한 학습이 아닌, 자신만의 경쟁력을 강화하는 투자라는 것을 의미한다.

한편, 재테크의 관점에서 보자면 독서는 초기 자본이 전혀 필요하지 않으며 리스크도 거의 없다. 주식이나 부동산과 같은 전통적인 재테크는 큰 자본이 필요하고 경제 상황에 따라 변동성이 크다. 반면 독서는 누구나 접근할 수 있으며 자신의 노력과 의지에 따라 무한한 가치를 창출할 수 있다. 독서를 통해 쌓은 지식과 통찰은 결코 잃어버릴 수 없으며 이는 시간이 지남에 따라 점점 더 큰 가치를 만들어낸다. 예를 들어 독서를 통해 쌓은 전문 지식으로 새로운 직업적 기회를 창출하거나 더 나아가 자신의 사업을 시작할 수도 있다. 이는 단순히 돈을 버는 것을 넘어 자신이 원하는 삶을 살아가는 데 필수적인 요소가 된다.

영화배우 실베스터 스탤론Sylvester Stallone의 사례는 이러한 점을 잘 보여준다. 그는 돈이 없는 상황에서도 시나리오를 쓰고 시나리오 판매비를 자신이 주인공 배역을 맡는 조건으로 재투자했다. 1946년생인 그는 젊은 시절 가난했지만, 마음속에는 꿈이 있었다. 우연히 무하마드 알리의 경기를 보고 영감을 받은 그는 어려움 속에서도 불굴의 의지로 복서가 되는 시나리오에 몰입하여 3일 만에 완성하였고 영화제작자들을 직접 찾아다니면서 시나리오를 보여주었다. 영화제작자는 시나리오가 마음에 든다며 그에게 팔라고 했지만, 그는 자신이 주인공을 맡아야 한다는 조건을 내걸었다. 신출내기를 주인공으로 발탁하는 것은 관례상 없었던 일이었지만 그의 확고한 의지와 주장을 꺾을 수 없어서 결국 제안을 받아들였고 출연료 없이 영화를 먼저 촬영하고 영화가 흥행하면 출연료를 주기로 하였다. 이렇게 1976년 혜성같이 등장한 〈록키〉는 49회 미국 아카데미 시상식 작품상, 감독상, 편집상, 29회 미국감독조합상 영화부문 감독상, 34회 골든글로브 시상식 작품상-드라마, 2회 LA 비평가협회상 작품상 등을 수상했고 그도 세계 최고의 유명 배우로 거듭났다.

이렇게 기회가 왔을 때 자신의 모든 것을 투자할 수 있는 마음 자세와 준비가 된 사람은 많지 않다. 자신의 모든 것을 쏟아부을 수 있는 사람만이 타인에게 자신의 확실한 가치를 증명할 수 있고 또 다른 기회도 얻을 수 있다.

스탤론이 자신의 시나리오를 쓰고 이를 통해 자신의 가치를 높였던 것처럼 우리도 독서를 통해 자신의 가치를 높일 수 있다. 독서는 자신의 재능을 갈고닦는 가장 기본적인 방법이며, 이를 통해 우리는 더 큰 성공과 부를 이룰 수 있다. 그는 어려운 상황에서도 자신의 꿈을 실현하기 위해 끊임없이 노력했고 그 과정에서 자신에게 투자했다.

또한 독서는 우리가 경제적 자유를 얻는 데 중요한 역할을 한다. 경제적 자유는 단순히 돈이 많아지는 것이 아니라 자신이 원하는 삶을 살아갈 수 있는 능력을 갖추는 것이다. 이 능력은 독서를 통해 길러진 지식과 통찰, 그리고 이를 바탕으로 한 실천에서 비롯된다. 독서를 통해 얻은 지식은 우리가 새로운 기회를 찾고, 더 나은 결정을 내리며, 결국에는 더 큰 성공을 이루는 데 기여한다. 경제적 자유를 얻기 위해서는 단순히 돈을 모으는 것이 아니라 돈을 만들어낼 수 있는 능력을 키워야 한다. 그리고 이 능력은 바로 독서를 통해 길러질 수 있다.

결론적으로 독서는 자신에게 하는 가장 확실한 재테크이다. 그것은 초기 자본 없이도 시작할 수 있으며 리스크가 거의 없는 투자이다. 독서를 통해 얻은 지식과 통찰은 시간이 지남에 따라 점점 더 큰 가치를 만들어내며 이는 우리에게 경제적 자유를 안겨준다. 따라서 우리는 돈을 벌기 위한 재테크에만 집착하기보다는 독서를 통해 자신의 가치를 높이고, 자신만의 경쟁력을 키우는 데 집중해야 한다. 독서는 결코 배신하지 않으며 우리에게 지속적인 성장과 발전의 기회를 제공한다. 그리고 이러한 성장과 발전이야말로 진정한 부를 이루는 가장 확실한 길이다.

2
하루의 딱 1%만
투자하라

"

　'몇 년째 사놓은 책은 한가득이고 하루 한 장 조차 읽지 않고 넘어가는 날이 많다.'라는 일종 의 토로를 자주 본다. 5년째, 〈매일 독서 습관 하 루 두 쪽〉 카카오톡 오픈 채팅방을 운영해 보니, 이런 글을 볼 때마다 사람들이 대부분 비슷한 문제를 겪는다 짐작한다.

　왜 책을 사두기만 하고 읽지 않을까? 진짜 시 간이 없어서일까? 아니다. 아무리 바빠도 사람 은 자기가 좋아하는 일에는 시간을 쓰기 마련이다. 바빠서 어떤 일을 못하겠다는 말은 '그 일은 별로 중요하지 않다'는 뜻이다. 그러니 나 자신에게 더 중요하다고 생각되는 다른 일을 하겠다는 뜻이다. 지하철이나 버스에서 수많은 사람들이 고개를 숙인 채 스마트폰에 열중하는 장면만 봐도 알 수 있다.

우리는 종종 어떤 일에 실패하거나 목표를 달성하지 못했을 때 이렇게 얘기한다.

"시간이 없었어요."

영어로 얘기하면 I didn't have time이 될 것이다. 펜실베니아 대학 와튼 스쿨 마케팅학 교수 조나 버거Jonah Berger는 이렇게 조언한다. '시간이 없었다I didn't have time.' 대신 '시간을 내지 못했다I didn't make time.'으로 표현을 바꿔보라고.

'시간이 없었다'고 말하면, 시간은 내가 통제할 수 없는 외적 요소이고, 충분히 주어지지 않는 것으로 느껴진다. 잠깐의 죄책감을 덜 수는 있다. 하지만 연구에 따르면, '시간을 내지 못했다'고 말할 때, 앞으로 시간을 내서 목표를 이룰 가능성이 더 높아진다. 왜냐하면 이렇게 말하면 내가 시간을 통제할 수 없다는 걸 분명히 인식하기 때문이다. 평소 쓰는 단어 하나만 바꿔도 인식이 바뀐다.

독서는 시간이 날 때 읽는 것이 아니라, 시간을 내서 읽는 것이다. 시간을 내지 못하는 이유는 하나다. 지금 당장 내 삶의 '우선순위'에서 밀렸기 때문이다. 왜 '우선순위'에서 밀리게 된 걸까? 만약 당장 당신의 문제를 해결해 줄 책을 만난다면 어떻게 될까? 다른 일을 제쳐두고서라도 읽으려 들 것이다.

우리에게 주어진 시간과 에너지는 한정되어 있다. 하루는 24시간이고 22시간(8시간 수면, 8시간 일, 3시간 식사, 3시간 이동 및 잡담)은 사는 데 꼭 써야 하는 시간이다. 고작해야 2시간 정도의 여유시간이 남는데 그 시간에 우린 많은 일들을 해내야 한다. 성과를 원한다면 가짓수 늘리기가 아니라 가짓수 빼기가 필요하다.

한 번에 너무 많은 일을 하려다 보면 처음엔 그렇게 하는 것이 효과가 있는 것처럼 보인다. 그러나 아무것도 줄이지 않은 채 일을 자꾸 더 하기만 한다면 결국엔 부정적인 결과를 맞을 수밖에 없다.

아무리 아이디어를 짜고 사업을 통해 돈을 벌려고 해도 머릿속에 '흙'밖에 없다면 좋은 결과물은 나올 수 없다. 타고난 걸 뛰어넘는 노력이 바로 '책을 읽는 것'부터다. 독서를 통해 좋은 재료를 모아야 비로소 더 좋은 결과물을 만들어낼 수 있다.

인생은 결국 의사결정 게임이다. 인생이 자꾸 꼬이기만 하고 잘 안 풀리는 사람들을 보면 의사결정력이 약한 경우가 많다. '이걸 왜 이렇게 판단했지?' 결국 심리적 오류와 자기 합리화, 게으름 같은 것들이 종합되어 판단을 잘못하게 된다.

독서를 한다는 건 단순히 머릿속에 재료가 많아지는 것뿐만 아니라 뇌의 복리 개념에서도 강력한 힘을 발휘한다. 다양한 책을 읽으면 다양한 판단 근거들이 쌓이고 그렇게 쌓인 근거들은 서로 연결되고 뇌세포가 새롭게 형성된다. 이것이 독서가 주는 뇌의 복리 효과다.

뇌의 복리 효과는 20년 걸릴 일을 절반으로 줄일 수 있고, 10년 걸릴 걸 5년으로 단축할 수도 있다. 반대로 이야기하면 뇌의 복리 효과를 누리지 못하면 10년 만에 할 것을 20년이 걸릴 수도 있다. 굳이 그렇게 비효율적으로 살 필요가 있을까?

따라서 지금의 삶이 만족스럽지 않다면 하루의 1퍼센트, 즉 15분씩만이라도 책을 읽어보자.

만약 그렇게 1년이 지나면 책을 읽지 않았을 때보다 365퍼센트 성장하게 될 것이다.

하루 1%가 1년이 쌓이면 365%가 된다. 우리는 우리가 반복해서 했던 일의 결과를 얻는다.

일상의 습관들이 아주 조금만 바뀌어도 우리의 인생은 전혀 다른 곳으로 나아갈 수 있다. 1% 나아지거나 나빠지는 건 그 순간에는 큰 의미가 없어 보이지만 그런 순간들이 평생 쌓여 모인다면 이는 내가 어떤 사람이 되어 있을지, 어떤 사람이 될 수 있을지의 차이를 결정하게 된다. 우리의 삶은 한순간의 변화로 만들어지는 것이 아니라 습관들이 쌓인 결과니까.

시간은 나는 것이 아니라 내는 것이다. 작가 로버트 그린은 사람의 삶에 존재하는 시간의 유형을 죽은 시간과 살아 있는 시간, 두 가지로 분류했다. 죽은 시간은 사람이 수동적으로 무엇인가를 기다리기만 하면서 보내는 시간이고, 살아

있는 시간은 무엇이든 배우고 행동하며 1분 1초
라도 활용하려고 노력하면서 보내는 시간이다.

　당신이 무심코 낭비한 시간은 다시 돌아오지
않는다. 시간은 유예되거나 적립되지 않는다.
쓰이지 않은 시간은 소리 없이 사라질 뿐이다.
그러니 오늘부터라도 15분씩 나를 위한 책읽기
에 시간을 써보자.

3
목표를
낮게 잡아라

"

당신은 당신이 반복한 행동의 결과다. 그러므로
탁월함은 습관에 달려 있다.

아리스토텔레스

해마다 새해가 되면 사람들은 새로운 다이어
리를 사고 새해 계획을 세운다. 올해는 반드시
책 100권 읽기, 10㎏ 감량하기, 금주, 금연, 영어
습관 만들기 등. 그리고 결심한 지 3일도 지키지
못하고 포기한다. 이걸 해마다 반복한다. 당신
만 그런 것은 아니니 안심하기 바란다.

미국에서 실시한 한 조사에 따르면 새해 결심이 성공할 확률은 8%에 불과하다고 한다. 결심한 사람들의 25%는 1주일 안에 포기했고, 30%는 2주일 안에 포기했으며, 한 달이 지나면 절반 가까이가 포기했다. 작심 30일 안에 절반 정도가 목표를 포기했고, 결국 연말에 가서 결심을 이룬 사람은 10명 중 한 명도 채 되지 않았다.

5년째 성인들과 독서 습관 챌린지를 운영해본 결과도 마찬가지였다. 독서 습관을 만들어보겠다며 호기롭게 입장한 참가자들의 포기율은 시간이 지날수록 높아졌다. 3일이 지나자 참여율이 25% 줄었고, 2주가 지나자 참가자의 70%가 독서 습관 만들기를 포기했다. 무엇이 잘못된 것일까?

어떤 결심이나 목표가 실패하는 이유는 스스로에 대한 '과대평가와 과욕' 때문이다. 우리는 자신의 수준이나 능력에 대해 '과대평가'하는 경향이 강하다. 특히 그 수준이나 능력이 낮은 것에 대해서는 더욱 인정하고 싶지 않아 하고 외면하려 한다. 자기 자신에게도 부끄럽고 남 보기에도 창피하기 때문이다. 그래서 우리는 어떤 목표를 세운 후 자기 자신의 수준에 맞춰 혹은 그 수준보다 약간 높여서 실행한다고 생각하지만 사실 그 수준은 대부분 약간 높은 정도가 아니라 '매우 높은 것'이고 그에 따라 뇌의 저항은 강력해진다.

다른 방법이 없을까? 있다. 목표를 아주 낮게 잡는 것이다. 『아주 작은 습관의 힘』의 저자 제임스 클리어James Clear는 습관을 만들기 위한 '2분 규칙'을 강조한다. 2분 안에 끝낼 수 있도록 아주 작은 규칙을 만들고 지속하면 습관이 될 수 있다고 말한다. 이 규칙의 핵심은 하지 않는 게 오히려 이상할 정도로 작게 만드는 것이다. 어떤 습관이건 축소할 수 있으며, 너무 쉬워서 실패할 수 없도록 작고 낮은 수준으로 만드는 것이다. 이 규칙을 참고해 독서 습관에 적용하면 어떨까?

그래서 내가 권하는 건 하루 두 쪽 책 읽기다. 고작 두 쪽 말이다. 두 쪽이라면 누구나 쉽게 매일 독서에 성공할 수 있다. 또한 두 쪽을 읽는 데는 많은 시간이 필요하지 않다. 책을 아주 천천히 느리게 읽는 사람도 15분이면 충분하기 때문이다.

고작 두 쪽 읽는 게 도대체 무슨 도움이 되겠냐며 말도 안 된다고 할 수 있다. 책은 한 번에 집중해서 다 읽어야지라며 반문하는 사람도 있을 것이다. 하지만 책을 전혀 읽지 않던 사람은 글자를 꼼꼼히 읽는 것 자체도 힘들 뿐만 아니라 글자를 이해하는 것은 더더욱 힘들다. 읽지 않고 그냥 멍하니 바라보다가 시간을 허비하는 것도 다반사다. 그래서 텍스트에 온전히 집중할 수 있을 때까지는 두 쪽씩 읽으며 독서 습관을 만들어 가자는 것이다.

하루 두 쪽씩 책을 읽으며 책과 친해지는 것이 핵심이다. 낯선 것이 익숙해지면 점점 책에 집중할 수 있게 되고, 가끔 몰입할 수 있게 되고, 재미가 생기게 되고 비로소 글자가 제대로 읽히기 시작할 테니까. 이 과정을 거치면 결국 당신이 원하던 독서 습관을 만들 수 있다.

우리는 대개 습관이란 완벽하게 지키지 못하면 소용없다 여긴다. 완벽하게 하지 못하면 전부 소용없다고 생각하는 것이다. 아니다. 완벽하지 않아도 괜찮다. 완벽은 아주 나중의 문제니까 말이다. 중요한 것은 완벽하게 해내는 게 아니라 독서와 익숙해지는 것이다.

책을 사람이라 생각해 보자. 어떤 사람을 처음 만났는데 15분 만에 그 사람에 대해 전부 알 수 있을까? 없다. 사람이란 충분한 시간을 가지고 만날 때 그 사람의 진면모를 알 수 있다. 처음에는 가볍게 인사만 하고 얼굴만 익히는 것으로 충분하다. 그러다 점점 새로운 모습을 발견하게 되고 그 사람에게 관심이 생기면 질문도 하게 되고, 첫인상과 다른 또 다른 점들을 발견하게 될 것이다.

　독서도 이와 마찬가지다. 그러니 한 번에 될 것이라 생각하지 말고, 실패도 해보고 다시 시도도 해보자. 그러다 보면 점점 책과 친해지고 결국엔 당신이 원하는 독서 습관을 갖게 될 것이다.

4
의지 보다
환경

"

'왜 다른 사람은 쉽게 하는 걸 나는 못 하지?'
'매일 독서하겠다고 결심해놓고 3일을 못 넘기
다니…' '나는 정말 구제불능이야!'

혹시 이렇게 무언가에 실패하면 스스로 자책
하지 않았는가? 자기 부정도 습관이다. 이런 습
관은 나의 잠재력을 발휘하지 못하도록 막는다.
나는 의지가 약하고, 게으르다, 한심하다… 등과
같이 마음속으로 자신을 매도하고, 결국 자신을
신뢰하지 못하게 만든다. 그러면 무엇을 해도

잘 안되고 한심한 상황이 계속 이어진다. '계속 하지 못하는 것이 당연해', '어차피 무리야' 식으로 생각한다. 끈기 없는 자신, 싫증을 잘 내는 자신, 의지가 약한 자신을 책망하는 것은 내 삶에 도움이 안 된다. 나도 예전에 그랬다. 나를 아무리 책망해도 끈기는 생기지 않았고 자신감도 회복되지 않았다.

생각해 보면, 우리가 늘 실패하는 패턴이 있다. 먼저 광고에 현혹되어 책을 산다. 출판사의 수많은 광고를 보면서 '아, 나도 올해는 책 좀 읽어야지, 올해부터는 진짜 독서해 보자!' 결심한다. 평소 하지 않던 밀리의 서재나 예스24 연간권을 결제하기도 한다. 과감하게 수업료를 척 낸다. 그렇게 며칠은 스스로도 신기할 정도로 몰입하기도 한다. 돈을 썼으니 말이다. 하지만 결론은 늘 우리가 아는 그대로다. 카드값이 청구될 즈음이 되면, 한두 번씩 빼먹게 되는 일이 생기거나 약속이 생긴다. 어떤 날은 야근을 하고, 어떤 날은 저녁 약속이 생기고, 어떤 날은 좀

피곤하고 어떤 날은 아프다. 한두 번씩 빼먹던 것이 일주일에 한두 번 할까 말까 하는 때가 오면, '아, 이번 주는 망했네, 나는 역시 안 되는 건가' 스스로를 깎아내리며 포기하게 된다.

굳게 결심했는데 왜 그렇게 쉽게 무너지는 걸까? 나의 인내력이 다른 사람보다 약해서? 아니다. 자책하지 말자. 원래 우리 모두가 그렇게 생겼기 때문이다. 앞서 얘기했던 스스로의 과욕이 결국 포기를 부르는 것이다. 스스로 과대평가하지 말고 있는 그대로 인정하면 된다. 우리 뇌는 결심을 굳게 할수록 더 큰 보상을 바란다. 그런데 독서는 즉각적인 보상으로 돌아오는 것이 아니라서 지속하기 어려울 뿐이다.

그럼 어떻게 해야 할까? 독서를 하겠다고 결심하지 말고, 그냥 독서할 수밖에 없는 환경의 도움을 받으면 된다. 독서를 계속할 수 있도록 내외부적인 환경을 조성해 스스로를 강제하는 것이다.

독서 습관 만들기에 꼭 필요한 3가지는 동.질.감이다. 동.질.감은 동료, 질투, 감시의 앞 글자를 딴 줄임말이다. 함께 책을 읽는 동료, 나보다 책을 더 잘 읽은 사람에 대한 질투, 마지막은 누군가가 나를 지켜보고 있다는 것을 느끼는 감시, 이 모든 것은 환경을 설정하면 가능해진다.

여태 책을 안 읽은 것이 의지력이 약해서 독서 습관을 못 만들었기 때문이라고 생각한다면 이제부터는 의지력을 믿지 말고 환경의 힘을 믿어보자. 인생의 그 어떤 목표이든 혼자 이룰 수 있는 건 별로 없다. 혼자라는 동력은 너무 약하다. 혼자서 아무리 큰 결심을 한다고 해도, 그 다짐은 1개월을 넘기기 어렵다. 결심은 쉬이 지치기 때문이다. 그렇기에 동지와 '함께하는 시스템'이 필요하다.

함께하는 시스템만이 멀고 먼 독서의 길을 쉽게 포기하지 않도록 도울 수 있다. 하루에도 몇 번씩 기분이 오르락내리락하듯이 열정에도 기복이 있기 마련이다. 독서를 계속하고 싶다면, 혼자 해내려고 애쓰지 말고 환경 속으로 들어가자.

스스로 개선하는 일은 힘든 일이다. 올바른 선택을 하고 쉬지 않고 꾸준히 해나가야 하기 때문이다. 체중 관리에 실패하는 사람 중 71%가 날씬한 몸매라는 목표에 집착하지만 밤마다 정반대의 행동을 한다. 우리가 아는 것, 우리가 목표로 추구하는 것, 우리가 의지를 불태우는 것 등은 사실 삶에서 큰 도움이 안 된다. 그럼에도 많은 사람이 여전히 자신이 잘 제어되고 있다는 거대한 착각에 빠져 산다.

습관 과학 분야에서 가장 주목 받는 연구자이자, 30여 년간 인간 행동을 연구한 웬디 우드 Wendy Wood는 『해빗』에서 금세 고갈되어 사라질 의지력 대신 주변 환경의 조건을 살짝 바꿔 저절로 목표를 달성하는 '습관 과학'의 힘을 빌

리라고 조언한다. 노력과 투지로 환경을 이겨낼 수 있다고 몰아붙이는 세상 속에서, 거꾸로 상황에만 집중할 수 있도록 '환경을 설정'해 애쓰지 않고도 자동으로 목표를 달성할 수 있도록 만드는 것이다.

웬디 우드 박사는 성공한 사람들은 무언가를 자제하거나 인내할 상황 자체를 만들지 않았고 자제력 대신 환경을 활용했다고 말한다. 수년간 만난 충동에 휘둘리지 않고 일상을 체계적으로 관리하는 사람들의 특징은 결코 스스로의 의지력과 끈기를 과신하지 않았던 사람들이었다. 그들은 고통스럽게 문제를 해결하지 않았다. 일주일에 4회 이상 달리는 사람 중 93%는 날마다 운동하는 장소와 시간, 즉 '상황'에만 집중했다. 그들은 자신이 추구하는 가치와 목표에 맞게 환경을 설정한 것이다.

의지력에 기대는 것은 개인적인 변화를 위해 결코 효과적인 방법이 아니다. 기대야 할 것은 의지력이 아니라 환경이다. 할 수밖에 없는 환경을 조성하는 것이 무엇보다 중요하다. 표면적으로는 의지력이 효과가 있어 보이지만 그렇게 보일 뿐이다. 실제로 우리는 의지력에 모든 것을 걸고 시도할 때마다 무수한 실패를 경험하지 않았던가.

  아프리카에는 '빨리 가려면 혼자 가고 멀리 가려면 함께 가라'라는 말이 있다. 독서는 장거리 달리기와 비슷하다. 그래서 함께 멀리 가는 것이 맞다. 습관이 정착되려면 그것의 유익함을 제대로 깨닫고 나 혼자가 아닌 함께 그것을 해나가는 사람들이 있어야 한다. 그것을 지속함으로 나의 성장과 멤버들의 성장을 더불어 볼 수 있어야 하고 해야 한다는 당위성 자체를 뛰어넘어 그 행위 자체를 즐거워하고 재미있어해야 한다. 그것을 느낄 때까지는 환경의 도움을 받는 것이 필요하다.

5
하루 두 쪽이라면
100% 실천 가능하다

"

독서 습관의 핵심은 매일 100% 실천이다. 독
서 습관을 매일 100% 실천하려면 어떻게 해야 할
까? 아주 작아야 한다. 겨우 두 쪽 정도로 말이다.
두 쪽이라면 1년 365일도 실천 가능하다.

습관이 될 때까지는 두 쪽만 읽어도 충분하
다. 자연스럽게 책을 읽는 나를 발견할 때까지
는 말이다. 매끼 식사를 하는 것처럼 자연스러
워질 때까지는 계속 두 쪽만 반복하자. 우리가
밥을 먹을 때 애쓰지 않는 것처럼 독서도 마찬

가지다. 책을 읽으려 애쓰는 것이 아니라 자연스럽게 책을 펼치고 읽는 나를 발견할 때까지만 두 쪽씩 읽어 나가면 된다.

습관이 된 뒤에도, 목표를 상향 조정하면 안 된다. 대신 자연스러워지면 언제든 원하는 만큼 초과 달성하면 그만이다. 초과 달성은 자유다. 목표는 작지만, 실천은 맘껏 하라는 이야기다.

목표를 작게 잡는 이유는, 작은 의지력만으로 실천이 가능하며 매일 작은 성공을 이어 나갈 수 있기 때문이다. 앞서 챕터 1에서 설명했듯 너무 높은 목표는 우리가 시도할 엄두를 못 내게 하거나 미루거나 외면하게 만들어, 결국 포기하게 만들 테니까.

작은 목표는 매일매일 작은 성공을 이끌어낸다. 이런 작은 성공들이 매일 쌓이면 우리의 뇌도 새로운 행동에 익숙해지고 마침내 습관이 몸에 밴다.

43

그러니 습관이 될 때까지는, 습관이 되고 나서도, 목표를 절대로 상향 조정하지 말기 바란다. 우리는 우리가 도달하길 원하는 수준의 목표를 정해야 한다고 잘못 인식하고 있다. 작은 습관의 목표는 달성해야 할 가장 높은 수치가 아니라, 습관 성공의 가장 낮은 수치(바닥)다.

과도한 목표 설정으로 중도에 그만둔 경험이 다들 많을 것이다. 헬스를 떠올리면 이해가 빠르다. 오늘부터 운동을 시작하겠다며 호기롭게 1년 치 회원권을 끊고 몇 번이나 나갔는지 생각해 보라. 첫날 1시간 열심히 운동하면 다음 날 헬스장에 가기 싫어진다. 억지로 무거운 몸을 이끌고 다음 날에 성공했다 쳐도 3일 지속하기가 어렵다. 그러다 하루 빠지고 이틀 빠지면 그 뒤론 아예 안 가게 된다. 그러고 나면 무기력해지고 자책하게 되고 역시나 의지를 탓한다. 하던 대로 하면 하던 대로 살게 되는 것이다.

'했어야 했는데, 할 수 있었는데, 할 걸 그랬

는데.'

이런 생각은 삶에 아무런 도움도 되지 못한다. 대신 '해냈다.'는 작은 성취는 그 반대다.

시간을 들여 기초를 다지지 않은 채 잘하기란 불가능하다. 이렇게 보면 인생은 하고 싶은 마음과 해야 하는 마음 사이 중심을 잘 잡는 일인 것 같다.

누군가 당신에게 "매일 운동을 같이 하자"라고 말했는데 나는 가고 상대방은 계속 안 갔다. 열흘째 되는 날에 당신은 상대방이 운동을 갈 거라 믿을 수 있을까? 답은 "아니다"이다. 과연 그 사람을 신뢰할 수 있을까? 그것도 아닐 것이다. 대부분 사람들이 이렇다. 사람들은 대부분 자신을 신뢰하지 못한다. 매번 뭔가를 하겠다고 자신에게 약속하고는 지키지 않았기 때문이다. 그렇게 스스로 신뢰를 저버리는 행동이 자신을 망치고 있다는 것도 모른 채 말이다. 그러니까 용기가 나지 않는 것이고 그러니까 실패할 것 같다고 생각하는 것이다. 내 안의 내가 그렇게 말한다. '난 너를 믿지 못하겠어.'

이걸 바꾸기 위해선 작은 성취부터 시작해야 한다. '한 챕터를 읽겠다'고 하면 앉아서 읽어야 한다. 그렇게 나와의 신뢰를 다시 쌓아가야 한다. 그런 날들이 연속해서 계속 쌓이면 어떻게 될까? 달력의 동그라미가 10일, 100일 연속으로 쌓인다면 어떻게 될까?

"내가 원하는 건 뭐든지 할 수 있구나"라는 사실을 발견하게 될 것이다.

그렇게 쌓인 신뢰가 다시 자신감을 만들고 자기 신뢰를 만들고 용기를 만들어낸다. 성공은 한 번에 하나씩 쌓인다. 작은 성취의 힘이다.

6
책이 잘 읽히는
시간은 따로 있다?

"

'뇌의 골든타임'이라는 이론이 있다. 인간의 뇌는 아침에 일어난 뒤 2~3시간은 피로하지 않은 데다가 머릿속이 매우 정리된 상태이기 때문에 수행 능력이 하루 중에 가장 높다. 그 시간대는 뇌의 골든타임이라고 불리며 논리적인 작업, 문장 집필, 독서, 어학 학습 등 높은 집중력이 필요한 일에 적합하다.

집중력이 높은 시간대가 몇 가지 더 있다. 기상 후 2~3시간, 휴식 직후, 퇴근 직전의 시간대,

마감 전날 등인데, 그렇게 집중력이 자연히 높아지는 시간대에 집중력이 필요한 일을 하면 효율은 2배, 아니 그 이상 올라간다. 집중 업무와 비집중 업무를 직소 퍼즐처럼 각기 알맞은 시간대에 끼워 넣기만 해도 효율이 올라간다는 것이 '뇌의 골든타임 이론'이다.

기상 후 곧바로 책을 읽으면 책이 잘 안 읽힐 것 같지만, 전혀 그렇지 않다. 의외로 책이 술술 읽히는 경험을 하게 될 것이다. 그러니 일어나서 곧바로 어젯밤 뉴스를 시청하는 일을 제발 자제했으면 한다. 아예 보지 말라는 것이 아니라 뉴스 시청하는 시간을 조금 뒤로 미루자는 것이다.

『정리하는 뇌』에 나오는 '뇌 용량 써버리기'라는 개념을 예로 들어보자. 우리 뇌는 아침에 일어나면 용량 100을 갖고 일을 시작한다. 그런데 이걸 무의미한 것들에 많이 써버리면 실제로 뇌가 필요한 일을 제대로 수행하기 어렵게 된다. 마치 인터넷 창이 많이 떠 있으면 컴퓨터가 느려지듯 인간의 뇌도 여러 가지 일들이 산재해 있으면 1시간 걸릴 일을 5시간 걸려서 하게 되는 것이다. 그래서 아침에 일어났을 때 무엇을 하느냐가 그만큼 중요하다.

여러분은 아침에 일어나서 혹시 무엇을 하는가? 한번 생각해 보자. 많은 사람이 자기 전에도 아침에 일어나서도 스마트폰을 쳐다본다. 그런데 아침부터 스마트폰을 쳐다보면 상당히 많은 뇌용량을 써버리게 된다. 별것 아닌 것처럼 느끼겠지만 이 생활을 1년간 계속 지속한다고 생각해 보라. 정말 최악의 습관이다.

이제부터는 아침에 일어나자마자 책을 읽어 보자. 아침 독서는 10쪽 정도면 충분하다. 읽는 속도가 느리거나 아직 책에 집중하는 게 익숙하지 않다면 2쪽도 괜찮다. 하루에 10쪽을 읽는다고 하면 1년에 3,650쪽을 읽게 된다. 이는 200쪽짜리 자기계발서 18권에 달하는 분량이

6. 책이 잘 읽히는 시간은 따로 있다?

다. 아무리 시간이 없어도, 앞으로 1년동안 읽을 수 있는 책이 무려 18권이나 되는 것이다.

그런데 우리는 금 같은 시간에 출근하느라, 뉴스를 보느라, 어젯밤의 화제 기사를 보느라 시간을 낭비한다. 이제 골든타임 이론을 알았으니, 그 시간을 조금씩 줄여보는 건 어떨까? 대신 하루 15분씩이라도 책을 읽는 것에 써보자.

만약 누군가가 당신보다 높은 성과를 낸다면 아마 그들은 뇌의 골든타임 이론을 잘 활용한 사람일 것이다. 하지만 이제부턴 당신도 가능하다. 아침은 하루의 시작이다. 아침의 기분이 하루 전체에 영향을 미친다. 기분 좋은 하루를 시작할 것인지, 안 좋은 뉴스를 보며 하루를 시작할지는 당신의 선택에 달렸다. 하루가 쌓여한 달이 되고 결국 인생 전체가 된다. 이제부턴 아침 독서를 통해 기분 좋은 하루를 계속 만들어보자.

7
제한 시간을 정하면
두 번 즐겁다

"

이번 장은 아침 독서가 어려운 이들을 위해
틈새 시간을 활용하는 방법을 소개한다. 틈새
시간만 잘 활용해도 독서 습관을 만들 수 있다.

틈새 시간을 활용해 성과를 높인 사례가 궁금
하다면 『하루 10분의 기적』을 읽어보길 바란다.

많은 직장인이 시간에 쫓기며 바쁜 하루를 산
다. 그러니 독서 시간을 매일 몇 시간씩 여유 있
게 확보할 수 있는 사람은 별로 없다. 그러나 하

루 24시간 중 틈새 시간을 합치면 대략 2시간 정도 된다. 2시간은 하루 24시간 중 약 10%에 해당하는 시간이다. 그러니 인생의 1할은 틈새 시간이라고 할 수 있다.

틈새 시간을 어떻게 활용하느냐에 따라 삶이 달라진다. 스마트폰으로 매일 2시간씩 게임하고 문자를 주고받아도 당신의 수입은 단 10원도 늘지 않는다. 대신 내 몸값을 올려줄 책을 2시간씩 읽는다면 인생이 어떻게 달라질까? 상상해보자.

틈새 시간의 효용을 증명한 실험이 있다. 19세기 후반에 활약했던 독일의 정신과 의사 에밀 크레펠린은 제한 시간을 정하면 집중력이 높아지고 업무 효율이 향상된다는 것을 처음 밝혔다.

크레펠린 검사를 통해 검사 개시 직후는 작업 효율이 높고, 중간에는 피곤하거나 싫증이 나서 작업 효율이 떨어지지만, 작업이 끝나가는 마지막 몇 분은 다시 작업 효율이 올라간다는 것을 발견한 것이다. 작업을 개시한 처음의 효율 높은 상태를 초두 노력, 작업 종료 직전의 노력을 종말 노력이라고 한다. 이 실험결과로 인해 제한 시간을 정해서 작업을 하면 맨 처음과 종료시 두 번 집중력이 높아짐을 알 수 있다.

심리학에서는 이것을 '초두효과'와 '종말효과'라고 부른다. 처음에 '자, 시작하자!' 하고 의욕이 솟아오르는 효과, 그리고 '이제 거의 다 끝났어' 하고 막바지에 분발하는 효과가 공부나 일에서 효율을 높여준다는 것이다.

그렇다면 이것을 독서에 어떻게 활용할 수 있을까? 의외로 책이 잘 읽히는 장소가 있다. 적당한 소음과 사람이 있는 공존하는 장소, 바로 대중교통이다. 이런 장소에서 책을 읽으면 의외로 책이 잘 읽히고 집중도 잘 된다. 적당한 소음과 사람이 자극과 환경을 동시에 제공하기 때문이다. 난 조용한 장소에선 종이책을, 대중교통에선 전자책을 읽는다. 전자책을 읽을 땐 왼손으로 기기를 잡고 왼손 엄지손가락으로 스크롤을 내리듯 한 줄씩 짚어가며 읽는다. 이런 환경은 약간의 우월감도 제공한다. 스마트폰에 빠져 있는 사람들 틈에서 난 책을 읽는다는 우월감이 적당히 기분을 좋게 한다.

대중교통으로 이동하는 시간을 독서 습관을 만드는 환경으로 활용해 보자. 책에 몰입하는 의외의 경험을 하게 될 것이다. 가끔은 이런 환경이 오히려 집중을 방해할 때도 있다. 그럴 땐 편의점에서 1,000원에 살 수 있는 치트키 착용을 권한다. 치트키는 3M 이어플러그다. 귀에 꽂는 순간 주변 소음은 일시에 사라지고 오롯이 책과 나만 남는 기막힌 경험을 하게 될 것이다.

이어플러그는 집중이 안 되는 순간에 활용할 수 있는 최고의 가성비템이니 3개 정도 사서 집에 가방에 일터에 하나씩 놔두고 나만의 집중력이 필요한 순간에 사용해 보자.

황보름 작가는 『매일 읽겠습니다』에서 자신은 책을 읽기 시작하면 20분 타이머를 켠다고 말한다. 20분 타이머를 돌리고 책을 읽고 알람이 울리면 잠시 쉬었다가 다시 20분 타이머를 맞추는 방식으로 책을 읽는다고. 그렇게 세 번을 하면 어느새 한 시간을 집중해서 책을 읽는다고 말이다. 이런 방식으로 책을 읽는 훈련을 거듭해 지금은 타이머 없이도 집중해서 책을 읽을 수 있는 자신이 되었다고 한다. 틈새 시간과 제한 시간을 활용하면 집중력도 올라가고 초두효과와 종말효과의 효율을 동시에 누릴 수 있으니 즐거운 독서를 두 번 경험할 수 있다. 아직 타이머를 한 번도 사용해 본 적이 없다면 지금부터 사용하자. 성취의 핵심이 '알기'가 아니라 '하기'란 것을 깨닫게 될 것이다.

8
속도는
중요하지 않다

"

자기 계발을 하면 할수록 성취감은 없고 결핍을 느끼는 이유는 자신이 원하는 것이 무엇인지 생각해 본 적이 없기 때문이다. 1년 내내 결과는 없고 노력만 최대치인 자기 계발에 매달리는 사람이 적지 않다. 그분들께 새벽 기상을 왜 하느냐 물으면 무언가 달라질 것 같아서라고 이야기한다. 책을 읽고, 필사하고, 긍정 확언을 하면 새로운 길이 열릴 것 같아서라고 한다. 이렇게 노력만 하다 보면 삶이 달라질까?

노력만이 살길이라는 것은 산업화 시대에 끝나버린 환상이다. 자기 계발은 신화가 아니다. 주관 없이 맹목적으로 매달려서는 아무것도 이룰 수 없다. 남들이 하니까 덩달아서 따라 하고 앞서간 이들이 좋다니까 무작정 따라가는 것은 남들에게 좋은 일일 뿐이고 목적 없는 방황일 뿐이다.

진짜 변화를 이루려면 난 이걸 왜 하는지 스스로 물어보고 그것에 대한 대답을 명확히 할 수 있어야 한다. 자신이 원하는 것이 무엇인지 설명할 수 있어야 한다는 이야기다. 맹목적인 자기 계발보다 선행되어야 하는 것은 인생의 목표와 목적을 먼저 설정하는 일이다.

뭐든 되겠지가 아니라, 무엇을 이루고, 무엇이 되겠다고 하는 자신의 정체성을 먼저 설정하면 '자기 계발'은 알아서 굴러가는 '자동계발'이 될 것이다. 막무가내로 남을 따라다니는 게 아니라 남들이 뭐라 해도 흔들리지 않으려면 '왜 이걸 하는지, 나는 어떤 존재가 되고 싶은지'를 먼저 정해야 한다.

앞으로 남은 평생 책과 친구가 되겠다고 정체성 설정을 먼저 해보자.

나는 2018년부터 책을 읽기 시작했다. 무기력한 내 삶에 변화를 주기 위해 선택한 것이 독서였다. 그리고 2019년 〈매일 독서 습관 하루 두 쪽〉 오픈 채팅방을 만들었다. 스스로 책을 읽을 수밖에 없는 환경을 세팅한 것이다. 현재 회원수 140여 명인 이 방의 방장인 나는 매일 책을 읽고 메모한 것을 나누며 지금껏 운영하고 있다.

5년이 지난 지금, 난 두 권의 책을 낸 저자가 되었다. 나뿐만이 아니다. 꾸준히 책을 읽은 사람들이 나처럼 저자가 되거나 브런치 작가가 되는 변화를 눈으로 목격했다. 우리가 시도하는 대부분 일들에서 능력은 생각만큼 중요하지 않다. 중요한 건 결과가 나올 때까지 지속할 수 있느냐다. 꾸준함이야말로 변장한 '재능'의 다른 말이 아닐까.

  매일 읽으며 깨달은 것은, 독서에서 중요한 것은 양보다 질이라는 것이다. 한 권의 책을 얼마나 빨리 읽는가는 전혀 중요하지 않았다. 대신 한 권의 책에서 얼마나 많은 것을 배우느냐가 더 중요했다.

  독서를 좋아하는 사장이나 고액 연봉을 받는 사람을 만날 기회가 있을 때 "언제부터 독서를 하셨습니까?"라고 한번 물어보라. 아마 "젊어서부터", "학창 시절부터" 혹은 "어린 시절부터"라고 대답할 것이다. 즉, 지금 수입이 높은 사람은 돈이 없을 무렵이나 성공하기 전부터 독서하는 습관이 있었다는 말이다.

  독서는 습관이다. 습관에서 무엇보다 중요한 건 양이 아니라 얼마나 오래 할 수 있느냐다.

  오랜 기간 꾸준히 하다 보면 양은 자연스럽게

쌓이기 마련이다. 그러니 처음부터 양에 집착하지 말고 매일 하는 것에 집중하는 것이 낫다.

가수 박진영이 소속 가수들을 모아놓고 이런 이야기를 한 적이 있다. 같은 걸 매일 하면 지겹지만 그 지겨운 걸 이겨내는 사람이 성공한다고. 짧게 보면 하고 안하고의 차이가 안 나 보이지만 길게 보면 차이가 난다고. 그래서 실력이 뛰어난 게 중요한 게 아니라 성실한 게 중요한 거라고. 박진영이 소속 가수들에게 강조한 건 바로 기본이었다. 가수에게 기본은 노래일 것이다.

그렇다면 독서에서의 기본은 뭘까? 바로 매일 읽는 것이다. 사실 매일 하지 않고 무언가를 배울 수 있는 건 세상에 없으니까. 하지만 우린 너무 바쁘다.

그래서 제안한다. 하루 15분만 독서를 해보자고. 하루 15분은 하루로 따지면 1%에 해당하는 시간이다. 하지만 1년으로 보면 365%가 된다.

매일 1%의 시간을 독서에 쓴 사람과 그렇지 않은 사람의 차이는 당장 눈에 보이지 않는다. 하지만 1년이란 시간이 지났을 때는 어떨까? 무려 365%의 차이가 생긴다. 반올림해서 독서를 하기 전보다 무려 37배나 차이 나는 셈이다.

만약 하루 15분 독서를 통해 한 가지만 배울 수 있다면 어떨까? 1년이 지나면 365가지를 배울 수 있는 셈이다.

앞서 말했듯 시간이 날 때 책을 읽으려 하지 말고, 매일 15분씩 시간을 내서 책을 읽어보자. 1년 후면 당신의 삶이 몰라보게 바뀌어있을 것이다.

통찰은 절대로 단기간에 생기지 않는다. 오랜 시간이 쌓여야 생긴다.

9
필요한 건
인내심뿐이다

"

If you have good habits, time becomes your ally.
All you need is patience.

좋은 습관을 가지면 시간은 당신 편이 된다. 여러
분에게 필요한 것은 인내심뿐이다.

제임스 클리어, 『아주 작은 습관의 힘』, 비즈니스북스, 2010

기억하자. 좋은 습관을 기르는 방법이 있다면
그것은 인내다.

꽤 오랫동안 습관이라는 분야는 객관적인 근

거나 과학의 조언이 아니라 그저 누군가의 초인 적인 성공담이나 그릇된 자기 계발 신화에 지배 당했다. 가장 대표적인 미신은 습관이 형성되는 시간을 측정할 수 있다는 주장이다. 한 가지 습 관이 삶에 단단히 뿌리를 내리는 데 얼마의 시 간이 걸릴까? 어느 학자는 21일이면 습관이 형 성된다고 호언장담했다. 당연히 과학적 근거가 부실한, 잘못 알려진 사실이다.

인간행동연구자이자 서던캘리포니아대학교 심리학 교수 웬디 우드는 『해빗』에서 이렇게 말 한다. 습관이 몸에 각인되기까지 걸리는 시간은 사람마다 다르다. 게다가 행동의 종류에 따라 자동화되기까지 필요한 반복의 양이 천차만별 이다. 여러 연구에 따르면, 점심 식사 때마다 과 일을 먹는 간단한 식습관은 약 65일간 그 행동 을 반복하면 습관이 됐다. 탄산음료 대신 건강 한 음료를 마시는 습관은 59일간의 반복이 필요 했다. 하지만 매일 30분 이상 운동을 하는 습관 은 약 91일이 걸렸다. 이런 숫자들을 정말 신뢰할 수 있을까? 그들은 제한된 실험 환경에서 특정 습관이 형성되는 데 걸리는 기간을 측정했지만, 반대로 그 습관이 사라지기까지 얼마나 걸리는지에 대해선 언급하지 않았다.

결론적으로 습관은 종류에 따라, 반복하는 기간에 따라, 받아들이는 정도에 따라 사람마다 형성되는 기간이 모두 다르다. 그러니 개개인을 무시한 평균의 함정에 속지 말자. 평균에 맞게 설계하면 결국 누구에게도 딱 맞지 않게 된다. 기성복이 그 예다. 그러니 습관 형성 기간 따위는 잊어버리고 반복에만 집중하자. 계속 반복하다 보면 애쓰지 않고도 자연스러워지는 날이 찾아올 테니까.

"최근 연구에 따르면 새로운 습관을 형성하는 데에는 18일에서 253일 사이의 기간이 소요되며, 평균적으로는 66일 정도 걸린다."

습관 관련 책을 읽다 보면 주로 등장하는 위

의 내용에서 유심히 살펴볼 것은 '18일 에서 253일 사이'다. 이 내용을 통해 발견할 수 있는 사실은 사람마다 습관 형성 기간이 다르다는 점이다. 사람마다 받아들이는 기간이 다르다. 가장 빠른 사람은 18일이고, 가장 느린 사람은 253일이다. 나는 후자 쪽에 속한다. 배움이 느린 편이다.

만약 내가 평균 66일만 기억하고 66일을 노력했는데 습관이 안 잡힌다면 어떻게 될까. 아마 포기하게 될 것이다. 포기하는 순간 애써 노력한 66일은 물거품이 되기도 한다. 포기하게 되는 이유는 무엇일까? 맹목적으로 믿음 때문이다. 66일이란 수치만 보고 믿었기 때문이다.

그렇다면 포기하지 않으려면 어떻게 해야 할까? 정체성을 설정하면 된다. '이걸 왜WHY 하지?'를 매일 떠올리는 것이다. WHY가 정리되지 않으면 지속할 수 없다. 습관 형성 기간 보다 중요한 것이 앞서 설명했던 정체성 설정이다.

정리해 보자. 습관을 만들려면 3가지가 필요

하다. 평균이라는 단어에 속지 않기, 될 때까지 반복하기, 내가 이걸 왜 하는지 끊임없이 떠올려보기. 평균은 그저 데이터값이다. 습관이 형성되는 데는 사람마다 모두 받아들이는 기간이 다르니 포기하고 싶은 순간마다 왜 이걸 하는지 떠올려보자.

모든 사람은 변할 수 있다. 단, 노력과 인내심이 동반된다는 전제하에서만 말이다. 처음에는 내가 습관을 만들지만 나중에는 습관이 나를 만든다. 누구도 당신의 삶을 대신 살아주진 못한다. 결국 스스로 바꿔야 한다. 포기하지 않길 바란다. 한 번뿐인 당신의 소중한 인생이니까.

10
책은 결국
인간의 역사다

"

　책은 크게 5가지로 분류할 수 있다. 인류의 변천사와 결이 같다. 순서대로 철학, 사회, 종교, 과학, 문학이다. 과학이 발견되기 전 관찰을 통해 발견한 이치를 정리한 것이 철학, 사람들이 모여 살면서 일어나는 각종 문제를 다룬 것이 사회, 사회를 넘어 더 큰 차원의 단합을 만들어 낸 것이 종교다. 그리고 체계적인 실험데이터를 통해 사실적이고 객관적인 데이터를 수집해서 만든 것이 과학이다. 마지막은 인간의 모든 감각을 동원해 만든 문학이다.

시간과 환경만 달라졌을 뿐, 인간의 본성은 예나 지금이나 같다. 그래서 인간의 본성을 이해하고자 한다면, 모든 책을 골고루 읽으면 좋다. 음식으로 따지면 편식하지 않고 골고루 영양분을 흡수하는 것과 마찬가지다.

과학이 탄생하기 전에 철학자들은 인간의 현상과 자연의 섭리만으로 인류 보편의 지혜를 찾아냈다. 그 내용이 담긴 것이 철학서다. 지금도 오래도록 사랑받는 철학자들의 책을 서점에서 흔히 볼 수 있다. 한국인이 특히 사랑하는 철학자는 니체와 쇼펜하우어가 아닐까 생각한다. 이들은 치열한 고민으로 후손의 괴로움을 덜어주었고 지금도 통용되는 보편의 지혜를 전함으로 비록 육신은 사라졌지만, 정신은 영원히 책과 함께 존재함을 보여주었다.

사회 서적은 지난 역사에서 인간이 저지른 만행들, 반복하는 실수들, 반복되는 문제들, 여전히 해결되지 않은 문제들을 짚어준다. 인간의 탐욕과 이기심이 어떻게 나라를 망치고 인내와 통찰이 어떻게 세상을 바꿔나가는지 알려준다. 또한 지리적 특성과 전쟁, 균, 돈이 어떻게 역사가 되는지 전체적으로 큰 그림에서 인간을 이해하게 도와준다. 허나 기술의 진보로 가장 살기 좋은 시대가 되었음에도 기술의 발달이 모든 인간에게 편의를 제공하진 못한다는 사실 또한 짚어준다.

종교 서적 특히 명상 서적이나 고승의 말들을 읽으면 정신의 괴로움에서 벗어날 수 있다. 오랜 시간 수양한 고승들이 들려주는 지혜는 머리를 맑게 해준다. '네가 틀릴 수도 있습니다.' '머릿속의 떠오른 말들을 모두 믿지 말라.' '분노의 원인은 비난하고 판단하는 내 머릿속의 생각이다.' 이러한 현자의 말들은 길들여지고 만들어지고 세뇌된 내 안에 단단히 자리 잡고 있는 에고의 속삭임에서 벗어나도록 도와준다. 의식보다 거대한 무의식의 세계가 존재함을 깨닫게 해준다. 또한 내가 평소에 생각하고 걱정하는 것,

이루어달라고 기도하는 것이 무엇인지 알게 하고, 평소 사용하는 말을 긍정적으로 해야 한다는 것도 알려준다.

과학 서적은 단시간에 인간을 이해할 수 있도록 안내해 준다. 수많은 사람의 실험데이터로 인간이란 존재의 기본값을 데이터로 제시한다. 과학 서적에는 인간의 비합리적이고 즉흥적인 행동, 부족한 인내심, 침팬지보다 못한 판단 실수의 사례들이 넘쳐난다. 또한 인지, 행동, 습관, 뇌 과학 등에 대한 연구는 지금도 진행되고 있으며, 전보다 더 나은 삶을 살기 위해 해답도 제시한다.

문학 작품(시, 소설)은 타인과 공감하는 능력을 키워주는 일종의 공감 체육관이다. 문학 작품이 단순한 글자가 아닌 언어로 이루어진 상상의 집이라 불리는 이유다. 문학 작품 속에는 우리가 경험하지 못했거나 앞으로도 경험하지 못할 이야기가 가득 차 있다. 문학 작품을 읽으며 우리는 미처 생각하지 못한 것, 겪어보지 못한 것들을 만나게 되고 나와 다른 존재들을 마주하고 간접적으로 타인의 고통을 경험하게 된다. 문학 작품을 읽는 이유 중 하나는 다른 이들의 고통을 미루어 짐작할 줄 아는 성숙한 시민으로 성장하기 위함이다.

요크 대학 심리학 교수 레이먼드 마Raymand Mar는 인간으로 산다는 건 작은 일부만의 경험일 뿐이기에 문학 작품을 읽어 다른 사람의 경험을 들여다봐야 한다고 다음과 같이 말한다.

"독서는 독특한 의식 형태를 만들어냅니다. 책을 읽을 때 사람들은 종이 위의 단어를 향해 관심을 바깥으로 돌립니다. 동시에 그 내용을 머릿속에서 상상하면서 내면을 향해 엄청난 주의를 쏟습니다. 눈을 감고 아무거나 상상하려고 애쓰는 행동과는 다릅니다. 그때 사람들의 관심은 구조화되어 있습니다. 종이 위의 단어를 향해 바깥으로 기울었다가, 그 단어의 의미를 향해 내면으로 기우는 것을 오가는 매우 독특한 상태에 있죠. 독서는 바깥을 향한 관심과 내면을 향한 관심을 결합하는 방법입니다. 특히 소설을 읽을 때 우리는 다른 사람의 삶을 상상합니다. 다양한 인물과 그들의 동기, 목표를 이해하려 애쓰고, 그런 다양한 요소를 따라가려 노력합니다. 그것이 일종의 연습이 되는 셈입니다. 그래서 현실에서 실제 인물을 이해하려 할 때와 똑같은 인지 과정을 사용하게 됩니다. 소설을 읽을 때 우리가 다른 인물을 어찌나 잘 가정하는지, 현재 가상현실 시뮬레이터라는 이름으로 판매되는 기기보다 소설이 훨씬 나을 정도입니다."

문학 작품을 읽은 뒤 상상하는 경험은 문학 작품을 내려놓은 뒤에도 사라지지 않는다. 문학을 읽다 보면 삶을 뜻대로 살기가 얼마나 힘든지, 삶이 수많은 타인과 사회, 문화, 역사와 어떻게 얽혀 있는지 깨닫게 된다. 그래서 소설의 책장을 덮고 나면, 자신만만해지는 게 아니라 오히려 겸허해진다. 시련을 제대로 직시하고 받아들이는 법을 배우려면, 문학을 읽어보자.

책은 결국 인간의 역사다. 그래서 인간의 본성을 이해하고자 한다면, 음식을 골고루 섭취하는 것처럼 책도 그렇게 읽어야 한다. 한 분야의 책만 읽으면 편협한 생각만 하게 될 것이니까 말이다. 몸에 좋은 영양분을 흡수하듯 다양한 책들을 읽으며 생각에 좋은 영양분을 흡수하자.

11
독서는 값싸고
유익한 오락이다

"

당신이 알고 있는 힐링은 진짜 힐링이 아니다. 공부를 하든, 직장 생활을 하든 '힘들다'라는 말이 나올 때가 있다. 사람들은 힘들 때 힐링을 해야 한다고, 힐링이 필요하다고 생각하곤 한다. 그런데 힘들 때 필요한 것이 과연 힐링일까?

힐링한다며 하루 종일 넷플릭스나 유튜브를 보고 나면 힘이 생기고 회복이 되던가? 아닐 것이다. 공부나 일보다는 상대적으로 체력 소모가 낮아 힐링이 되는 것처럼 느껴질 뿐이다.

어차피 다시 공부를 시작해야 하고, 다시 일을 시작해야 한다. 이런 종류의 힐링을 하면 오히려 다시 시작할 때 '아, 하기 싫다'라는 생각만 더 들 뿐이다. 그러면 의심해 봐야 하지 않을까? 우리가 알고 있는 힐링이 진짜가 아닐 확률 말이다. 만약 진짜 힐링이 되었다면 전보다 더 에너지가 넘쳐야 하고 의욕이 충전되어야 맞는 것 아닐까.

진짜 힐링은 '독서'다. 어떻게 쉬어야 할지 모르는 사람들을 위한 최고의 휴식법 10가지를 소개한 책 『잘 쉬는 기술』에는 '휴식 테스트' 연구팀이 전 세계 135개국 1만 8천 명을 심층 조사한 '열 가지 휴식법'이 나오는데, 당당히 1위를 차지한 것은 바로 '독서'였다. 독서는 부족한 부분을 보완할 방법을 알려주고, 문제를 해결할 열쇠를 건네준다. 저자 자신이 발견한 노하우를 손쉽게 제공한다. 이렇게 책에서 얻은 힌트를 현실에 적용했더니 이전에 힘들었던 부분이 말끔하게 사라진다면 어떨까? 전보다 힘듦이 줄어들 것이다. 머릿속에 떠오른 근심을 해결할 방도를 제안해 주는 책을 읽는다면 또 어떨까? 머릿속이 맑아질 것이다. 그러면 더 수월하게 공부할 수 있고 더 수월하게 일을 끝낼 수 있다. 이런 것이야말로 진짜 힐링이다.

독서를 통해 이런 힐링을 경험한다면, 독서를 계속할 이유가 된다. 독서를 통해 얻은 것을 삶에 적용해 효과를 본다면 '유능감'과 '자신감'으로 연결될 것이다. 그렇게 하나씩 내 안에 경험이 쌓이면 '유능감'과 '자신감'은 계속 올라갈 수밖에 없다. 당신이 무언가를 할 때마다 읽은 책의 저자들이 버티고 서서 도와주고 있다고 생각해 보라. 혼자 일하는 사람과 몇십 명이 도와주는 사람 중 어느 쪽이 더 유리할까?

이런 경험은 자신의 문제들을 해결해 줄 책을 적극적으로 찾아 읽고 삶에 적용하여 문제를 해결해 나가는 선순환 구조를 만든다. 좋은 경험은 아침을 기분 좋게 시작하게 하고, 틈새 시간을 잘 활용하게 하며, 같은 일도 수월하게 해내게 한다. 이럴 때 진짜 힐링이 된 것이다. 만약 이런 것이 아닌 힐링은 가짜 힐링이란 것을 기억하면 좋겠다. 어제보다 조금씩 나아지는 경험만큼 강력한 동기부여는 없다. 진짜 힐링은 나아져야 하는 것이다. 원래대로 돌아오는 것을 진짜 힐링이라고 할 수 없다.

한국에서 유행처럼 번진 '힐링'은 과연 누가 만들어낸 것일까? 혹시 자신들의 상품을 팔기 위한 마케팅은 아닐까?

독서는 삶을 나아지게 하는 순기능 외에도 스트레스와 불안을 해소하는 데 강력한 효과가 있다는 사실을 입증하는 또 다른 연구가 있다.

영국 서섹스대학 신경심리학의 권위자인 데이비드 루이스David Lewis 박사 연구팀에서는 독서, 음악 감상, 한 잔의 커피, 게임, 산책 등이 스트레스를 얼마나 줄여주는지 피실험자들의 심박수 등을 토대로 측정했다. 그 결과, 조용한 곳에서 약 6분 책을 읽으면 스트레스가 68% 감소했고, 심박수가 낮아지며 근육 긴장이 풀어지는 것으로 나타났다. 음악 감상은 61%, 커피 마시기는 54%, 산책은 42%의 스트레스 경감 효과가 나타났으며, 게임은 스트레스를 21% 줄여줬지만, 심박수는 오히려 높이는 결과를 초래했다.

루이스 박사는 "경제 상황 등이 불안정한 요즘 같은 때일수록 현실에서 탈출하고 싶은 욕구가 크다"라고 하면서 "무슨 책을 읽는지는 중요하지 않다. 다만 작가가 만든 상상의 공간에 푹 빠져, 일상의 불안과 스트레스에서 탈출할 수 있으면 된다"라고 말했다.

요즘처럼 책을 읽지 않는 시대에 정말 의외의 결과가 아닐 수 없다. 어차피 스트레스가 불가피한 것이라면 고민하지 말고, 잠깐의 독서로 일상의 걱정과 근심에서 탈출해 보자.

어디서건 그저 펼치는 것만으로 우리를 다른 곳으로 데려다주는 것이 있는지 생각해 보라. 책은 15,000원 정도로 살 수 있는 가장 값싼

내비게이션이다. 목적지만 입력하면 어디든 정확히 데려다주는 현명한 안내자이자 인내심 있는 교사가 아닐까.

12
책은 사람을 모아놓은
농축액이다

"

우리가 하는 공부에는 '결정적 시기'가 있다.
공부를 빨리 시작하면 할수록 더 쉽게 배우고
오래 기억할 수 있다. 하지만 인간의 적응 능력
과 학습 능력은 나이를 먹었다고 해서 꼭 퇴화
하는 것은 아니다. 외부의 자극과 환경의 변화
에 의해 두뇌는 끊임없이 자극을 받으면서 적응
하고 학습할 수 있다. 이 말은 곧 죽을 때까지 학
습할 수 있다는 소리이기도 하다. 결국 공부를
하기엔 너무 이른 때란 없지만, 너무 늦은 때도
없다. 평생 친구를 사귀고 계속 알아가듯 곁에

두고 오래도록 보고 함께해야 한다. 독서도 마
찬가지다.

영어 공부를 예로 들어보자. 40, 50대에 하는
영어는 콩나물시루에 비유할 수 있다. 콩나물을
키울 때, 채반에 콩을 두고 계속 물을 부어준다.
채반에는 콩이 빠져 내리지 않을 정도로만 구멍
이 숭숭 뚫려 있는데, 그래서 물을 부으면 그대
로 잘 빠진다. 마치 40, 50대의 기억력처럼. 그
런데 놀라운 건, 물이 고여있지 않아도 어느 순
간 어둠 속에 있던 콩에 뿌리가 돋아나기 시작
한다는 거다. 그러고 나면 '콩나물 자라듯' 쑥쑥
자라난다. 반대로 어차피 흘러가버릴 텐데 의미
없다며 매일 물을 주지 않으면 콩나물은 자라지
않는다.

이처럼 단어를 하나 외우고 하나 잊어버리면
서 흘러가버리는 매일의 노력이 영어 실력을 쑥
쑥 키운다. 시루 뚜껑을 열면 어느새 쑥쑥 자라
있는 콩나물처럼, 영어 실력을 키우는 건 바로

그 허무해 보이는 매일의 노력이다. 그리고 그 영어가 꽃피우는 순간, 기회가 왔을 때 그 기회를 잡을 수 있고, 그렇게 또 다른 인생을 시작할 수도 있다.

독서도 영어 공부처럼 콩나물에 비유하기도 한다. 물을 주면 아래로 다 물이 빠지는 걸 알면서도 계속 물을 주다보면 어느새 훌쩍 커버린 콩나물을 마주하는 것이 독서와 닮았으니 이런 비유가 생긴 것이 아닐까.

대나무로 비유할 수도 있겠다. 대나무가 제대로 뿌리 내리려면 5년이 걸린다고 한다. 그렇게 묵묵히 뿌리에만 집중하다가 순이 올라오기 시작하면 하루 25cm까지도 매일 같이 쑥쑥 큰다. 어떤 건 30m까지도 자란다고 한다. 대나무와 콩나물처럼 매일 같이 정성을 쏟으면 나도 모르는 새 몰라보게 훌쩍 커버린 자신을 발견할 수 있을 것이다.

매일의 정성이 모여 빛을 발하는 순간이 온다. 책은 사람이 모아놓은 농축 엑기스다. 내 안에서 빠져나가는 것 같아도 실은 내 안에 서서히 스미는 중이다. 결국 스미다 보면 씨앗이 발화하게 되어 있다. 콩나물처럼, 대나무처럼 말이다.

13
처음부터 차근차근
읽지 않아도 된다

"

책은 처음부터 차근차근 읽지 않아도 된다. 단, 소설책은 제외다. 소설책은 앞부분에 등장인물들의 성장 배경이 나와있으므로, 처음부터 차례로 읽어야 뒤에 나오는 내용이 이해되지만, 그 외 나머지 책들은 읽고 싶은 부분부터 읽어도 무방하다.

책에서 말하고자 하는 핵심 내용을 남들보다 조금 빠르게 알고 싶다면, 다음 순서로 읽으면 좋다. 본문을 읽기 전에 서문 - 목차 - 에필로그 순서로 먼저 훑어보는 것이다. 이렇게만 해도 책 한 권을 읽는 효과가 있다. 서문을 무심코 건너뛰고 바로 본문으로 읽는 사람들이 있는데 이는 큰 실수다.

책의 서문에는 저자가 이 책을 쓰게 된 계기와 전하고자 하는 핵심 메시지가 들어있고 각 장은 어떻게 구성이 되어 있는지에 대한 포괄적인 메시지가 들어있다. 에필로그에는 본문에서 다루지 못한 에피소드와 감사 인사가 들어있다.

목차는 책의 설계도다. 출판사에서 가장 공을 들여 작업하는 부분이 바로 목차다. 독자로 하여금 책을 구입하도록 해야 하기 때문에 목차에 가장 많은 정성을 들인다. 안타깝게도 많은 독자가 책을 읽을 때 본문 내용에 눈이 팔려 목차를 소홀히 볼 때가 많다. 목차가 숲이라면, 본문 내용은 나무다. 따라서 목차를 읽고 본문을 읽으면 숲과 나무를 동시에 보는 법을 터득할 수 있다.

목차는 글을 쓰는 저자에게도 중요하다. 글을 쓰다가 길을 잃지 않게 도와주는 방향키가 되기 때문이다.

애써 본문부터 읽다가 중간에 읽기를 포기한 적이 있을 것이다. 또한 책 제목만 보고 덜컥 책을 구매했다가 자신이 기대했던 내용이 아니라고 읽기를 포기했던 경험도 있을 것이다. 예전에 나 또한 제목만 보고 덜컥 책을 샀다가 방치한 책들이 많아 잘 안다.

서문 → 목차 → 에필로그 순서의 읽기는 책 구매시에도 유용하다. 자신에게 필요한 책을 고를 때 이 순서로 책을 훑어본 뒤 구매한다면 실패 확률 또한 줄일 수 있다.

읽고 싶은 책은 매일 늘고 새로 배울 것도 무한으로 생성되는 시기에 우리는 어떻게 나의 생존에 필요한 책들을 곁에 머물게 할 수 있을까? 비결은 저자가 주장하는 핵심과 근거로 제시하는 이유들을 모아가는 것이다.

어떻게 모을 수 있을까? 메모와 글쓰기로 차근차근 모으면 된다. 나는 책을 읽고 인상 깊은 문장들은 노션에, 서평은 블로그에 모으고 있다.

책은 하나의 관점일 뿐이다. 글쓰기 책들을 검색해 보면 간단히 확인할 수 있다. 만약 글쓰기의 정답이라는 게 있다면 그렇게 수많은 책이 존재할 수 있을까? 생각해 보자. 전 세계 사람들이 만약 책을 쓴다면 아마 전 세계 인구만큼 글쓰기 책이 나올 것이다. 독서법 책도 마찬가지다.

한 권의 책은 일리 있는 하나의 관점이라는 사실을 기억하자. 그러니 책은 처음부터 차근차근 읽지 않아도 된다. 한 권의 책에서 하나의 관점만 배워도 책값은 충분히 회수하고도 남는 장사일 테니까.

14
관점을 바꾸는
독서

"

　책을 읽는 사람은 시간이 많아서 책을 읽는
것이 아니라 책 읽기가 삶에 조금 더 도움이 되
는 걸 알기에 책을 읽는 것이다.

　우리는 살아가면서 다양한 문제를 마주한다.
삶이 힘든 이유, 집중이 안 되는 이유, 무기력감,
인간관계의 어려움 등. 이때 우리는 흔히 인터
넷이나 주변 사람에게서 조언을 구하지만, 책이
더 나은 해결책을 제시할 수 있다.

이 세상에는 인과법칙이라는 것이 존재한다. 지금 당신이 처한 지금의 상황은 당신이 과거에 생각하고 행동의 결과의 합이다. 결국 선택의 결과들이 쌓여 지금의 삶이 만들어진 것이다. 하지만 실망할 필요는 없다. 어떤 문제라도 해결 방법은 반드시 존재하기 마련이니까. 해결 방법은, 문제라고 느끼던 인식을 새로운 관점으로 바라보는 것이다. 살면서 계속 마주하는 문제는 교묘하게 사람을 괴롭히고, 비합리적인 행동을 유도한다. 문제를 두려워하는 이유는 우리의 관점이 잘못됐기 때문이다. 관점을 바꾸는 첫걸음으로 책을 읽을 것을 권한다.

사는 게 힘들거나, 나 자신만 탓하거나, 집중을 못 하거나, 연애를 못 하거나, 어떤 사람이 이유 없이 싫거나, 걱정이 많거나, 잘못된 행동을 반복하거나, 사랑받지 못한다고 느끼거나, 알 수 없이 빚이 계속 늘어나는 이들에게 권한다. 이런 문제가 있을 땐 인터넷 서점에 들어가서 '나는 왜'를 검색해 보라고. 이미 당신이 가진, 인간이 공통으로 고민하는 문제를 해결해 줄 수많은 책이 존재하는 걸 알게 될 것이다.

책을 읽지 않아도 살 수는 있지만, 책을 읽으면 전보다 더 나은 삶을 살 수 있다. 평소 조언을 구할 때 어떻게 하는지 묻고 싶다. 혹시 주변 사람들에게 물어보거나 부모님에게 물어보고 있는 건 아닌가? 그런데 정말 말 못 할 고민이 있다면 어떻게 할 것인가? 예를 들어 무기력증, 우울증과 같은 정신 질환을 앓고 있다면 어떻게 하겠는가? 이제부터는 책에서 답을 찾아보자.

이유는 3가지다.

첫째, 책은 다른 사람의 머리로 내 문제를 바라보게 한다. 철학자 쇼펜하우어는 『독서에 대하여On Books and Reading』에서 "독서는 자신의 머리가 아닌 남의 머리로 생각하는 것."이라고 했다. 책을 통해 우리는 다른 사람들의 경험과 지혜를 빌려 자신의 문제를 해결할 수 있다. 책 속에는 우리보다 먼저 살아간 사람들이 실패를 통해 얻은 혜안이 담겨 있으니까. 우리는 그저 책을 펼치고 그 지혜를 흡수하면 된다. 나보다 뛰어난 사람들의 생각을 빌려 문제를 해결하고 더 나은 삶으로 나아갈 수 있다.

둘째, 책은 지금보다 더 나은 선택을 하도록 돕는다. 힘들고 외로울 때, 기댈 곳이 없을 때, 심지어 우울증이나 무기력감에 시달릴 때조차 책은 좋은 친구가 될 수 있다.

책 속엔 책을 통해 변화한 사람들의 이야기가 가득하다. 조울증으로 약을 복용하던 이가 『우울할 땐 뇌과학』이라는 책을 읽고 운동을 시작하면서 수년간 먹던 약을 6개월 만에 끊은 이야기도 있고, 알코올 중독자였던 사람이 책을 읽고 동기부여 연설가가 된 이야기도 있고, 무기력과 우울증에 갇혀 있던 사람이 다이어트에 성공하여 전 세계를 다니며 식습관 개선을 전파하는 이야기도 있다. 이들의 공통점은 바로 책을

14. 관점을 바꾸는 독서

읽고 삶을 개선하려는 선택을 했다는 점이다.

지난해 MBC '탐사기획 스포트라이트'를 통해 부산에서 청년의 안타까운 죽음이 세상에 알려졌다. 당시 사건을 맡은 부산 영도경찰서 권 경위는 이런 사건들이 계속 늘어나는 추세이며 이전에 없었던 전혀 새로운 현상이라고 말했다. 뿐만 아니라 뉴스를 통해 유명인이 스스로 생을 마감하는 사례도 자주 접한다. 이런 뉴스를 볼 때마다 안타깝다. 자신의 머리로만 생각하다 보면 결론은 언제나 안 좋은 쪽으로 끝날 뿐이다. 만약 이분들이 『에고라는 적』 같은 책에서 전하는 "우리의 지나친 자의식, 에고가 우리가 사랑하는 것을 모두 죽이고 때론 자신을 죽일 수 있다."라는 걸 미리 알았더라면 어땠을까? 하는 생각을 자주 해본다.

엔터테이너 홍진경도 어느 인터뷰에서 "책을 읽으면 조금이라도 더 나은 선택을 하게 된다."라며 책을 읽는 것은 단순히 정보를 아는 것이 아니라, 더 깊은 사유를 하게 해주고 더 나은 선택을 할 수 있는 능력을 키워준다고 말한 바 있다.

셋째, 홀로 설 수 있는 정신적 태도를 갖게 한다. 정희진은『정희진처럼 읽기』에서 이렇게 말한다. "나에게 책 읽기는 삶에서 필연적으로 발생하는 자극, 상처, 고통을 해석할 힘을 주는, 말하기 치료와 비슷한 '읽기 치료'다. 간혹 내 글이 어둡다고 지적하는 이들이 있다. 그들은 내가 읽는 책은 상처에만 관여하는 것 같다고 말한다. 삶에서 기쁨이나 행복은 없냐고 묻는다. 왜 없겠는가. 문제는 무엇이 행복이냐는 것이겠지. 행과 불행은 사실이라기보다 자기 해석에 좌우된다. 그리고 독서는 이 해석에 결정적으로 관여한다." 정희진의 말마따나 책을 읽으면 읽기로 정신의 병들이 치유된다. 그리고 그때 온전히 홀로 설 수 있게 된다. 사람은 홀로 설 수 있을 때 진정으로 더불어 살 수 있다. 홀로 선다는 것은 삶의 주도권을 내가 가지는 것이다. 인생에서 중요한 것 중 하나가 자신의 삶을 대하는 정신적 태도다. 한 사람의 인생을 책에 비유하자면 책 속에 담긴 용기 있는 결정에 따라 사람의 인생도 얼마든지 달라질 수 있다.

책은 나보다 명석한 타인의 머리로 내 문제를 바라보게 해주고, 실수를 줄이고, 더 나은 선택을 하도록 돕는다. 정신의 자립도 가능케 한다. 많은 이가 바라는 행복은 멀리 있지 않다. 행복은 필요한 것들을 얼마나 많이 소유하느냐가 아니라 불필요한 것들로부터 얼마나 자유로워져 있는가에 달려있다. 내 삶이 불행하면 자꾸 타인의 삶에 눈길이 간다. 그 불행의 시작에 남과의 비교가 있다. 올바른 관점과 잘못된 관점의 차이가 모든 것을 좌우한다. 우리의 삶 속에서 벌어지는 문제들도 어떻게 해석하느냐에 따라 우리의 관점은 대응을 좌우하는 토대로 작용한다. 머리가 가는 곳에 몸이 따르기 마련이다. 관점은 행동보다 선행한다. 올바른 행동은 올바른 관점에서 나온다.

결국 책은 더 나은 삶으로 건너가게 돕는 징검다리다. 그 해답을 책에서 찾고자 하는 사람에게 더 나은 선택을 할 수 있는 기회를 제공한다. 물론 책을 펼친 이에게만 말이다.

15
끝까지 읽은 경험은
1권이면 충분하다

"

"예전에는 두꺼운 책을 읽는다고 SNS에 캡처해서 올리고, 읽기는 해도 그리 기억에 남은 건 없었는데 요즘은 한 3~4권의 책을 2페이지씩 읽으면서 기억하거나 공유할 걸 찾으면서 보다 보니 짧은 시간 더 집중해서 읽게 되네."

독서 모임 카카오톡 오픈 채팅방에서 어느 학인이 올린 글이다. 잘 읽히지 않는 책을 억지로 읽어보겠다면서 캡처 화면도 올리며 끝까지 읽어봤지만 결국 마지막 책장을 덮으며 느낀 건 기억에 남는 것이 별로 없다는 소감도 덧붙였다.

일본의 철학자 지바 마사야는『공부의 철학』에서 이렇게 말한다. "일반적으로 독서라 하면 처음 나오는 문장부터 마지막 마침표까지 '통독'하는 것이라는 이미지를 갖고 있을 터이다. 하지만 조금 진지하게 생각하면 알 수 있는 일인데, 한 자 한 자 모두 완벽하게 읽고 있는지는 사실 확실하지 않다. 설령 통독했다 하더라도 기억하는 내용은 부분적이다. 설사 통독했다 해도 실제로 '완벽하게'는 읽지 못한다. 여기서부터 점점 극단적으로 논의를 전개하면, 띄엄띄엄 읽는 것도 충분히 독서라 할 수 있다. 심지어 목차만 파악해도, 나아가 제목만 보더라도 어떤 '말은 할'수 있다. 애초에 다른 사람이 "너, 이 책 진짜 제대로 읽은 거야?"라고 물어보는 일이 없다. 왜일까? 우리 모두는 자신의 독서가 불완전하다는 사실이 불안하고 그것을 추궁당하는 것이 싫기 때문이다."

우리가 독서를 힘들어하는 이유는 책 읽는 방법을 배운 적이 없기 때문이다. 대부분의 사람은 책을 '한 번 읽고 버리는 것' 정도라고 착각한다. 그리고 '책은 처음부터 끝까지 다 읽어야 한다'고들 생각한다. 물론 다 읽는 건 좋다. 나쁠 게 전혀 없다. 하지만 다 읽어야 한다는 강박으로 읽히지도 않는 책을 억지로 읽는 건 개인의 장기적인 독서 이력에 좋은 영향을 주지 못한다.

모든 책을 인생의 나침반으로 삼으려는 태도가 완독 콤플렉스를 만들어낸다. 그리고 모든 책이 인생의 나침반으로 삼을 만큼 대단하지도 않다. 책에 대한 스트레스를 줄이는 것. 그것이 독서를 즐겁게 만드는 첫걸음이다.

어쩌면 어릴 적 "책 다 읽었어? 문제집 다 풀었어? 숙제 다 했어?" 같은 부모님의 말들을 들으며 자란 영향으로 책을 끝까지 읽는 것에 집착하는 것일지도 모르겠다.

끝까지 읽는 것보다 중요한 건 책과 친구가 되는 것이다. 책과 친구가 되어 문장으로 이루어진 숲을 천천히 산책하듯 느리게 걸어보는 것이 좋다. 여행지에서 관광객처럼 남들 다 찍는 유명 명소에서 인증샷을 찍느라 시간을 허비하는 독서가 아니라, 잠시라도 그곳에 머물며 남들이 가보지 않은 골목길에 발길을 돌릴 수 있는 여행자의 마음으로 책을 읽어야 한다. 그러다 뜻하지 않은 아름다운 장면을, 아름다운 꽃을, 아름다운 보물 같은 문장을 발견하는 기쁨을 누려보길 바란다.

일단 책과 친해지려면 읽히지 않는 책은 덮고 자신에게 잘 읽히는 책을 선택해야 한다. 자신의 관심사에 맞고 흥미로운 책을 계속해서 읽다 보면 과거에 어려워 포기했던 책이 어느새 이해가 되는 순간이 찾아온다. 여전히 더디게 읽히기는 해도 꾸준히 읽다 보면 내 생각의 폭이 전보다 성숙해지고 성장했기 때문이다.

책 한 권을 반드시 끝내고 나서야 다른 책으로 넘어갈 필요는 없다. 모든 책을 완독할 필요도 없다. 끝까지 읽은 경험은 1권이면 충분하다. 그리고 내게 꼭 맞는 책을 만나게 되면 자연스럽게 책을 끝까지 읽게 될 것이다.

16
하루 한 가지
배움에 집중하라

"

앞서 살펴본 것처럼, 우리의 독서는 완벽하지
않다는 걸 인정하자. 그리고 책을 끝까지 읽는
다고 모든 것을 내 것으로 만드는 것도 불가능
하다. 그러니 완독 대신 하루 한 가지 배움에 집
중하자.

독서는 스스로 책을 찾아서 읽고 사유하는 것
이 본체이고 책의 역할은 그것을 보조하는 것
이다. 잘 가르치는 교사는 모든 것을 가르치기
보다 정보를 유한화해서 가르친다. 교사는 우선

'이 정도면 됐어'라고 공부를 유한화해주는 것이다. 책도 마찬가지다.

책을 읽을 때는 입문서가 이런 교사의 역할을 담당한다. 두꺼운 교과서를 보면 모든 항목이 마치 전부 중요한 것처럼 쓰여 있어서 어디까지 공부해야 좋을지 알 수가 없다. 아니 그보다 그 어떤 전문가라도 교과서에 쓰여 있는 모든 내용을 완벽하게 통달할 수는 없다. 반드시 무언가를 생략하게 되어 있다. 질리지 않고 독서를 계속하려면 모든 것을 흡수하려는 '완벽주의'에서 벗어나야 한다.

바야르에 따르면 독서의 본질은 책의 위치 설정을 파악하는 것이다. 어디까지가 타인이 생각한 것이고, 어디부터가 자신이 생각한 것인지를 확실히 구별하여 의식해야 한다. 이것이 개성 있는 아이디어를 키울 때 매우 중요하다. 어떤 개념이나 사고방식이 누구의 문헌에서 온 것인지를 의식하고 곧바로 말할 수 있도록 늘 주의를 기울여야 한다. 그러려면 반드시 독서노트를 써야 한다. 어떤 문헌에 문자 그대로 어떻게 쓰여 있는지 몇 쪽인지를 명확히 적은 후 그것과 구별하여 자신이 이해한 바를 메모해 둔다. 자신의 지식을 출전과 연결하는 것이다.

그렇다면 독서가 습관이 될 때까지 어떤 식으로 읽는 것이 좋을까? 여기 몇 가지 팁을 소개한다.

잊는다는 전제로 읽는다

가장 먼저 잊는다는 전제로 읽는 것이다. 대신 읽다가 중요하다 생각되는 부분에 밑줄을 그으면서 가볍게 읽어보자. 앞서 콩나물과 대나무에 독서를 비유했듯 책을 읽은 조각들은 내 안에 싹을 틔우기 위한 밑거름이라고 생각하면 잊는 것도 너무 아쉽지는 않을 것이다.

어차피 완독은 불가능하다

책은 20%만 읽어도 충분하다. 이탈리아의 경

제학자 파레토가 주장한 파레토 법칙이 독서에도 적용된다. 일반적으로 책은 20%가 저자의 주장이고 나머지 80%는 주장을 뒷받침할 근거들이다. 따라서 독서가 습관이 될 때까지는 단락의 첫 문장에 '이거야'라는 느낌이 없으면 건너뛰어라. 또한 이해가 안 되는 부분이나 집중이 안 되는 부분은 10페이지씩 건너뛰어도 좋다.

서문 - 에필로그 - 목차를 먼저 훑어본다

앞에서도 얘기했듯 한번 훑어보는 것만으로 책을 한 번 읽은 효과가 있다. 서문에는 책에서 하고 싶은 이야기가 들어있고 에필로그에는 책에서 다루지 못한 설명이 추가로 들어있다. 목차는 전체적인 책의 윤곽을 보여준다. 전체가 다 흥미롭진 않다면 필요한 부분만 골라서 읽어도 충분하다.

독서를 주식투자라고 생각해라

독서는 '소비행위'가 아니라 '투자행위'라고 생각하자. 물론 돈을 주고 구입한 책을 다 읽지 않는 것은 아깝다. 투자 관점에서 본다면 책을 읽고 한 가지라도 배울 수 있다면 남는 장사가 아닐까.

필사하고 요약하라

아침에 일어나자마자 책 두 쪽을 읽고 중요하다 생각되는 문장에 밑줄까지 그었는데, 습관 만들기 이후까지 생각하는 사람들을 위한 추가적인 팁이다. 『책 제대로 읽는 법』 중 2단계에 보다 자세히 설명했으니 여기선 간단하게만 짚고 넘어가자. 핵심 문장을 필사하고 그 뒤 왜 이 문장을 필사했는지, 왜 중요하게 생각하는지 그 이유를 자신의 언어로 한 문장으로 요약하는 연습을 해라. 필사는 책의 내용을 오해하지 않게 해주고 요약은 나만의 생각을 키우는 훈련이 된다.

책을 반드시 끝까지 읽어야 하는 것은 아니다. 단 한 줄이 평생의 보물이 되기도 한다. 인생에 남을 한 줄의 문장을 찾고자 하는 마음으로 책을 읽는

것도 독서의 요령이다.

사이토 다카시, 『독서력』, 웅진지식하우스, 2015

완독하려는 욕심 대신 하루에 한 가지만 배운다는 자세로 책을 읽어보자. 매일 한 권의 책에서 한 가지를 배울 수 있다면 1년에 365가지를 배울 수 있게 될 테니까. 한 권의 책에서 단 하나의 밑줄이라도 긋고 삶에 적용할 수 있다면 책값을 충분히 회수하고도 남는 성과를 올릴 수 있다.

17
추천받지 말고
직접 골라라

"

　남들이 추천하는 책을 꼭 읽어야 할 필요는 없다. 특히 SNS에서 추천하는 책은 대부분 출판사가 의뢰한 광고일 때가 많다. 물론 진심으로 책을 읽고 추천하는 사람들도 있겠지만, 그건 어디까지나 그 사람의 입장에서 추천한 것이다. 모든 사람이 반드시 읽어야 할 책이란 존재하지 않는다.

　책은 자신의 기호에 맞게 선택하는 것이 좋다. 책을 고르는 것은 옷을 수선하거나 음식의

간을 맞추는 것과 비슷하다. 옷을 샀는데 크다면 수선해서 입을 것이다. 음식이 싱거우면 간을 더하고, 짜면 물을 탈 것이다. 그런데 왜 책을 읽을 때는 그렇게 생각하지 않을까?

개인의 취향은 옷과 음식처럼 모두 다르다. 책도 그렇다. 남들의 추천 책은 남들의 입맛에 맞춰진 책일 뿐이다. 그러니 사람마다 기호가 다르듯 읽는 책도 각기 달라야 한다. 독서 모임에 나가보면 알 수 있다. 10명이 같은 책을 읽어도 10개의 다른 생각이 나올 수 있다는 것을. 남이 정해준 답이 나에게 맞을 이유는 없다. 만약 정답이 있다면 그건 내가 직접 찾아낸 답일 것이다.

남들의 추천 책을 무작정 읽다 보면 생각보다 책이 안 읽혀 내 지적 수준을 의심하거나 이런 것도 이해하지 못한다고 스스로 자책하는 경우가 생긴다. 나도 예전에 많이 해봐서 안다. 예를 들어, "사업을 시작하는 사람이라면 반드시 읽어야 하는 책"이라는 추천에 따라 『스틱』이라는 책을 읽어본 적이 있다. 하지만 아무리 읽어도 무슨 말인지 이해가 안 되어 한 페이지를 4번이나 읽었던 기억이 난다. 결국 책을 덮어버렸다.

그러다 2년 후, 블로그에 글을 쓰면서 글을 잘 쓰는 방법에 관심이 생겨 다시 『스틱』을 꺼내 읽어보니 이전보다 조금 더 이해할 수 있었다. 또 1년이 지나 다시 읽었을 때는 이전보다 훨씬 더 많은 감명을 받았다. 그때 깨달았다. 책은 내가 필요할 때 읽어야 의미가 있다는 것을. 그리고 책이 읽히지 않는 이유가 다양한 것도 알았다. 주제가 나와 맞지 않을 수도 있고, 번역이 매끄럽지 않아서일 수도 있으며, 책을 읽는 공간이나 환경, 방식이 맞지 않을 수도 있다는 걸 말이다.

독서 커뮤니티나 믿을만한 사람의 추천 책도 마찬가지다. 추천하는 책이 나와 딱 맞아떨어진다면 좋겠지만, 그렇지 않으면 오히려 책에 대한 흥미를 잃을 수도 있다. 그러니 책은 스스로 고르는 것이 좋다. 서점에 가서 직접 책들을 둘러보고 내 눈에 띄는 책을 선택하자. 잠시 읽어보고 잘 읽히는 책을 고르면 된다. 읽기 쉬운 책부터 시작하는 것도 좋다. '쉬운 책만 읽으면 독해력이 안 올라간다'는 말도 있지만, 나는 이보다 책을 읽는 습관을 만드는 것이 더 중요하다고 생각한다.

독서는 끊임없이 배우고 나에게 맞는 것을 발견하는 여정이다. '나'라는 사람을 더 깊이 알아가고 발전시키는 과정이다. 중요한 것은 정답을 찾는 것이 아니라 나에게 맞는 답을 찾는 것이다. 무엇을 배워야 하고, 어떤 방식을 선택해야 하는지 모두 내가 결정하고 선택해야 한다. 그래야 내가 책의 주인이 될 수 있다.

괜히 남들이 좋다고 하는 책이나 유명한 작가의 책을 억지로 읽느라 진 빼지 말고 내 눈길을 끄는 책으로 독서 습관을 만들어보자. 어떤 책이든 괜찮다. 나의 눈길을 끄는 책이면 된다. 지금 읽고 싶은 책부터 시작하자. 아무리 좋은 책도 당신이 펼쳐보지 않는다면 세상에 없는 책이나 마찬가지니까.

18
속독,
다독보다 정독

"

나는 책을 읽을 때 타인들이 내 책을 그렇게 읽어
주기를 바라는 것처럼 매우 천천히 읽는다.

앙드레 지드

"읽고 싶은 책이 많아서 빨리 읽어보고 싶은
데 읽는 속도가 많이 느려서 고민이에요. 지금
은 한 권 다 읽으면 다른 책 보는 것이 아니고 여
러 권의 책을 돌려가면서 읽는데 그래도 얼른
읽으려면 어떤 방법이 있을까요? 어떻게 하면
좋을까요?"

〈매일 독서 습관 하루 두 쪽〉 오픈 채팅방에 올라오는 단골 질문이다. 독서에 흥미가 생긴 것은 축하할 일이나 빨리 읽지 못하고 많이 읽지 못해 진득하게 책에 집중을 못 하는 상황이다. 또한 읽어야 할 책들이 넘쳐나 한 권의 책을 얼른 읽으려는 '소비' 심리도 늘어나는 것 같다.

이런 현상은 앞장에서 이야기한 SNS 때문이다. SNS가 이런 심리를 부추긴다. 남들의 추천책과 같은 콘텐츠를 접하면 이런 심리가 생긴다. 남들이 추천하는 책들을 보니 왠지 읽지 않으면 나만 뒤처질 것 같고 남들은 나보다 앞서갈 것 같은 심리가 반영되어 결국 해결책으로 찾게 되는 것이 속독법이나 다독하는 방법을 찾는 것이다.

SNS뿐만 아니라 출판 시장도 마찬가지다. 2022년 대한출판문화협회에 따르면 2021년 발행종수는 61,181종이었다. 이를 365일로 나누면 약 167권이 된다. 하루에 쏟아지는 신간의 개수가 167권이나 된다는 말이다. 출판사는 책을 팔아 이익을 남겨야 하기에 다양한 마케팅을 진행한다. 흔한 것 중 하나가 '이 책을 읽지 않으면 당신에게 손해다'라는 형식의 마케팅이다. 독자로 하여금 안 읽으면 손해니까 시간을 내서 반드시 이 책을 읽으라는 메시지를 담고 있다. 광고와 마케팅에 속수무책으로 노출된 독자는 그렇게 또 속아 읽지도 못할 책을 사서 집안 어딘가에 쟁여둔다.

독서를 즐기는 비결은 무엇보다도 '속독과 다독 콤플렉스'에서 해방되는 것이다. 책을 빨리 읽어야 할 이유는 전혀 없다. 책을 많이 읽어야 할 이유도 마찬가지다. 책을 빨리 그리고 많이 읽으려다 보면 자연히 얄팍한 내용의 책에만 손이 가기 마련이다. 반대로 천천히 읽으려고 한다면 시간을 들여 읽을 만한, 내용이 있는 책을 선호하게 될 것이다.

속독과 다독은 방대한 정보의 홍수 속에서 살

아가는 현대인들에게 매력적인 선택지처럼 보인다. 하지만 속독과 다독이 정말로 우리가 원하는 결과를 가져다줄까?

속독은 말 그대로 빠르게 읽는 것을 의미한다. 속독의 주요 목적은 짧은 시간 안에 더 많은 양의 정보를 받아들이는 것이다. 많은 사람이 속독을 통해 책 한 권을 단시간에 끝내고 이를 통해 다수의 책을 읽을 수 있다고 믿는다. 그러나 속독은 본질적으로 표면적인 이해를 초래할 수밖에 없다. 영화로 따지면 빨리 감기로 영화를 보는 것과 마찬가지다. 글의 맥락은 파악하지 않고 단순히 글자의 나열만을 빠르게 훑어보는 것은 진정한 이해를 방해한다. 이는 제한된 시간에 문제의 답을 도출해내는 수학능력시험에서나 필요한 능력이다. 어쩌면 그렇게 교육받은 대한민국 학생들에게는 피해갈 수 없는 장벽일지도 모른다.

다독도 그렇다. 다독은 많은 양의 책을 읽는

것을 말한다. 폭넓은 지식을 쌓는 데 유용할 수 있다. 그러나 다독 역시 속독과 유사한 문제점을 지닌다. 다독을 통해 많은 양의 정보를 얻을 수 있지만, 그 정보들이 얼마나 깊이 있게 이해되고 기억에 남는지는 또 다른 문제다. 유튜브 쇼츠가 그 예다. 쇼츠를 무한정 시청하면 과연 머릿속에 남는 것이 있는지 자문해 보자. 쇼펜하우어가 말하지 않았던가. 다독은 정신에 위해를 가하는 것이라고. 다독하게 되면 자기 머리로 더 이상 생각을 할 수 없다는 경고에서 한 말이다. 결국 책을 읽는 것보다 자신의 견해와 저자의 견해를 비교해 가며 읽는 비판적 읽기, 사유의 읽기가 더욱 필요하다. 사유가 빠진 독서야말로 백해무익하다.

왜 이 책을 읽고 있는지 자문해 보자. 배움을 위해서? 작품을 판단하기 위해서? 아니면 즐거움을 얻기 위해서? 배움이 목적이라면 손에 펜을 쥐고서 매우 천천히 읽기를 권한다. 앙드레 지드처럼 말이다.

그래서 정독이 필요하다. 정독은 글을 천천히 읽고, 내용을 이해하며, 비판적으로 사고하는 과정이다. 정독을 통해 우리는 글의 세부적인 부분까지 파악할 수 있으며 저자의 의도와 메시지를 온전히 이해할 수 있다. 역사서를 정독한 다면 단순한 사건의 나열을 넘어서 그 사건들이 역사 속에서 어떻게 상호작용하고, 현재의 사회에 어떤 영향을 미쳤는지를 이해할 수 있다. 이는 단순히 많은 양의 역사적 사실을 알고 있는 것과는 질적으로 다른 차원의 이해다. 철학이나 문학 작품을 읽을 때도 그렇다. 단어 하나, 문장 하나가 깊은 의미를 파악하며 글을 천천히, 세심하게 읽다 보면 문학 작품 속 인물의 내면을 이해할 수 있게 된다. 이러한 시간은 속독과 다독으로는 얻을 수 없다.

또한 정독은 기억에도 긍정적인 영향을 미친다. 속독이나 다독은 많은 양의 정보를 단시간에 받아들이지만, 이러한 정보는 금방 잊어버릴 가능성이 크다. 반면 정독은 한 번 읽은 내용을 오래 기억할 수 있도록 도와준다. 정독하면 집중하게 되고 읽고, 이해한 내용을 다시 한번 되새기는 과정이기 때문이다. 이러한 과정은 기억을 강화하고 장기적인 지식으로 남게 된다.

마지막으로 정독은 비판적 사고를 촉진한다. 속독이나 다독은 텍스트의 내용을 빠르게 흡수하는 데 중점을 두지만, 정독은 텍스트에 대해 질문하고, 그 의미를 깊이 있게 분석하며, 저자가 제시한 논리에 대해 비판적으로 평가하는 과정이다. 이러한 과정은 단순한 지식의 습득을 넘어 그 지식을 어떻게 사용할 것인지, 그리고 그 지식이 현실에서 어떻게 적용될 수 있는지를 고민하게 만든다.

결론적으로 속독과 다독은 정보의 양적인 측면에서 유리하겠지만, 진정한 이해와 깊이 있는 사유를 위해서는 정독이 필수다. 정독은 단순히 텍스트를 읽는 행위를 넘어서 그 텍스트를 통해 얻을 수 있는 지식과 지혜를 온전히 자신의 것으로 만드는 과정이다. 현대 사회에서 우리는 빠르게 변하는 정보 속에서 살아가고 있지만, 진정한 지식은 속도가 아니라 깊이에서 나오는 법이다. 그러므로 속독과 다독보다는 정독을 통해 삶의 깊이와 지혜를 더해가는 것이야말로 진정한 답이라고 할 수 있다.

우리가 책과 친구가 되지 못하고 점점 더 멀어지는 이유는 간단하다. 책을 길들이는 데 시간을 쓰지 않아서다. 더 빨리, 더 많이 읽으려고만 했기 때문이다. 한 권의 책을 내 것으로 체화하기 위해서는 시간이 많이 필요하다. 하지만 그 시간은 결코 헛된 시간이 아니다. 내가 쓴 시간만큼 나와 책과의 관계를 변화시키기 때문이다. 독서는 사람을 남기는 것이다. 그 사람을 알아가는 것이다. 3시간 동안 한 사람을 만나서 그 사람을 충분히 알 수 있을까? 그렇지 않을 것이다.

애정하는 프로그램 〈알쓸신잡〉 '잡학박사들이 생각하는 좋은 독서법'에 보면 유시민 작가의 기막힌 비유가 나온다. '남들이 북한산에 갔다고 해서 북한산을 다 안다고 할 수 있을까?'로 시작하는 이 비유를 빗대어 속독과 다독을 비유하면 이렇게 말하고 싶다. 속독과 다독은 북한산 초입 혹은 둘레길만 둘러본 거라면, 정독은 한 걸음 한 걸음씩 북한산 정상을 오르는 방법이라고.

피천득의 수필집 『인연』에 나오는 한 구절로 마무리할까 한다.

어리석은 사람은 인연을 만나도 몰라보고 보통 사람은 인연인 줄 알면서도 놓치고 현명한 사람은 옷깃만 스쳐도 인연을 살려낸다.

어리석은 사람은 책을 휙휙 넘긴다. 평생 단 한 번만 만날 수 있는 귀인이 거기 있는 줄도 모르고 말이다. 그렇게 계속 헤매기만 한다.

19
숫자를 목표로
하지 말라

"

　사람들은 왜 독서량에 집착할까?『종이, 책 그리고 알쓸신잡』에서 유시민 작가가 이렇게 묻는다. 그 질문에 김영하 작가는 이렇게 답한다. 예전에는 20대 때 공부한 지식으로 먹고살았는데 요즘은 공부라는 것을 계속해야 할 것 같은 불안감이 독서량에 집착하게 만드는 것이 아닌가라고. 그러면서 많이 읽는 것이 중요한 게 아니라 '비판적으로 지식을 받아들이는 자세'가 중요하다고 강조한다.

비판적으로 지식을 받아들이는 건 어떻게 만들어질까? 앞에서 말한 대로 천천히 읽고 정독하며 이해와 정리에 시간을 써야 만들어진다. 유시민 작가와 김영하 작가는 왜 자신의 생각을 분명하게 이야기할 수 있을까? 그들은 모두 오랜 시간 읽고 글을 썼던 사람이기 때문이다. 글 쓰는 사람들의 머릿속엔 '왜'라는 질문이 항상 존재하고 그에 대해 항상 생각하며 '근거'를 모은다. 쓰는 사람은 근거를 모으고 읽는 사람은 결과만 원한다. 그러니 읽기만 하는 사람은 쓰는 사람보다 자신만의 비판적 생각이 만들어지는 데 오래 걸린다. 그리고 쓰는 사람은 이렇게 모은 근거를 바탕으로 자신만의 고유한 생각을 만든다. 핵심은 '오랜 기간'이다.

속독, 다독이 가치 없는 것과 마찬가지로 '읽은 책 수'도 별다른 가치가 없다. 진짜 가치는 읽은 책을 '어떻게 활용했는가'에 있다. 책을 통해 새로운 것을 아는 것에 그치지 않고 실제로 무언가를 만들어내거나 타인에게 도움이 되는 일을 할 수 있게 되었을 때 비로소 가치가 빛을 발한다.

독서 모임에서 흔히 들을 수 있는 말 중 하나가 "이 책 어땠어요?"라는 질문인데 그 질문에 대부분은 이렇게 답한다. "이 책 좋았어요. 이 책 추천해요. 이 책 읽어볼 만해요." 자신의 수십 시간을 들여 읽은 책에 대해 고작 5초도 책에 대해 말 못 한다면 과연 그 사람들은 책을 제대로 읽기는 한 것인가? 책을 안 읽어본 사람도 그렇게 이야기할 수 있다.

만약 제대로 읽은 사람이라면, "이 책은 ~~ 부분에서 많은 도움을 받았어요. 실제로 이 책에서 이야기하는 대로 실행했더니 변화가 있었어요. 이런 부분이 궁금하다면 이 책을 읽어보면 좋겠어요"라며 자신의 서사를 이야기할 수 있다. 책의 지식이 아니라 책의 지식과 자신의 경험을 결합해서 이야기할 수 있는 것이다.

과정이 전부라는 것을 아는 데 무려 5년이 걸렸다. 독서는 어떤 목적지가 아니라 과정이다. 독서는 숫자가 아니라 질이다. 독서는 성공이 아니라 관계다. 그러니 권 수에 집착하지 말고 과정을 즐겨야 한다. 권 수에만 집착하면 정작 중요한 과정을 놓치게 된다. 결과는 사실 과정이 만들어낸 것일 뿐이다. 과정 속에 온전히 몰입하는 걸 '집중'이라 한다.

독서 목표를 세울 때 올해는 50권 읽어야지, 100권 읽어야지 이렇게 정하는 사람들이 있다. 나도 한때는 그렇게 해야 하는 줄 알고 그렇게 했다. 실제로 해본 결과 별 효과가 없었다. 1,600권의 책들을 읽고 메모했지만 거의 자기만족에 불과했다. 물론 그 중에선 남는 것도 있었지만.

실제로 효과가 있던 건 매일 읽겠다는 아주 작은 목표였다. 아무리 바쁜 날에도 일어나자마자 매일 15분이라도 책을 읽는 것이 나의 목표였다.

책을 권 수로 목표하면 어떻게 될까? 권 수를 채우기 위해 얇은 책만 읽고 두꺼운 책은 피할 가능성이 많아진다.

사실 두꺼운 책이야 말로 진짜 좋은 확률일 때가 많다. 저자가 비슷한 가격으로 얼마나 할 말이 많았으면 책을 두껍게 썼을까. 그 안에 독자가 이해할 수 있도록 다양한 예시를 꾹꾹 눌러 담았을 것이다. 벽돌책이 두껍다며 더 이상 피하지 말자. 벽돌책을 읽는 방법은 하나다. 매일 조금씩 읽어나가는 것. 두꺼운 책을 읽어본 사람은 알겠지만, 두꺼운 책이야말로 술술 읽히고 가성비도 좋다.

남들에게 보이기 위해 권 수를 목표로 하지 마라. 대신 매일 15분 읽는 걸 목표로 설정해라. 그래야 나에게 필요한 책들을 계속 읽어 나갈 수 있다.

20
메모가
생각을 만든다

"

　이번 장은 독서와 메모 습관을 동시에 만들고 싶은 사람들을 위한 장이다. 책을 읽고 메모하라고 하면 방대한 양을 메모하는 사람을 위한 장이기도 하다. 예전의 내가 딱 그랬다. 책 페이지마다 좋은 내용들이 눈에 띄어 무작정 베껴 쓰기 바빴다. 그렇게 정신없이 3년쯤 쓰다 보니 종이 독서 노트가 16권에 이르렀다. 그런데 돌이켜보면 막상 쓸 땐 좋았는데, 찾으려니 도대체 어느 노트에 썼는지 찾기 어려웠다. 어떨 땐 찾는 데 더 오랜 시간을 쓰는 날도 생겼다. 그때 깨달았다. 메모는 찾는 것도 중요하다는 걸. 그래서 지금은 종이 독서 노트에 쓰는 비중은 줄이고 디지털 노션에 대부분을 메모한다.

혹시 메모를 하는 목적이 있는지 묻고 싶다. 단순히 그냥 좋아서 베껴 쓰는 거라면 말리지는 않겠다. 하지만 나처럼 메모를 찾는 데 시간을 써본 경험이 있거나 메모를 토대로 글을 쓰고 싶은 사람들은 지금부터 내 이야기를 잘 들어보시라.

메모에도 목적이 필요하다. 메모의 목적은 내가 원하는 목표를 향해 전진하는 데 있다. 목적 없이 많이 하는 메모는 혼란만 가져온다. 수집한 메모가 아무 것도 만들어내지 못한다면 무슨 소용이 있을까? 컴퓨터 하드 디스크에 저장된 파일들이 그 예다. 언젠가 쓰겠지 하며 여기저기 모아둔 파일은 다시 꺼내보지도 않은 채 방치되기 마련이다. 또한 내가 적어둔 내용을 100% 찾아주는 디지털 툴은 존재하지 않는다.

왜냐하면 내 기억이 왜곡되어 어떻게 저장했는 지를 헷갈리기 때문이다. 이런 이유로 메모를 할 때도 목적을 갖는 것이 필요하다. 목적이 분명한 사람은 꼭 필요한 것만 기록할 테니까. 내가 생각하는 메모의 적정량은 하루에 2개다. 오늘 나를 전율하게 한 관점, 통찰, 교훈들을 언제든 다시 펴봐도 알아볼 수 있도록 시간을 들여 꼼꼼하게 기록하고 보관한다.

여러 작가와 지식인들의 메모 목적은 분명했다. 그 목적은 바로 글쓰기, 연설, 기고문 등 자신의 작품에 도움 되는 혹은 필요한 지식을 모으는 것이다.

또한 목적에 부합하는 메모는 기억에도 오래남는다. 독서 모임에서 내 별명은 '문장 자판기'다. 필요한 내용을 적재적소에 공유해서 붙은 별명이다. 비결은 메모한 내용을 잘 찾는 데 있다. 내용을 정확하게 기억하진 못해도 어느 책에 있다는 걸 알기에 찾는 것 또한 가능했던 것이다.

검색으로 모든 정보를 찾을 수 있는 세상이라지만, 내가 목적을 가지고 손수 모은 문장은 결이 다르다. 박총 작가가 책은 눈으로 읽음과 손으로 읽음이 다르다고 했던가. 정민 작가는 "손으로 베껴 쓰면 내 것이 되지만, 눈으로 대충 보는 것은 말달리며 꽃구경하는 것"이라 했고, 발터 벤야민은 필사 없는 독서를 "도시 위를 비행기로 지나가는 것"에 비유하기도 했다. 이처럼 메모는 눈으로 책을 읽을 때보다 집중력을 증가시키고 기억력도 강화해 준다.

수년 메모하면서 나만의 요령이 생겼다. 3가지다. 메모는 한 곳에 모아둘 것, 메모는 원문 그대로 베껴둘 것, 메모한 뒤 메모를 어디에 활용하면 좋은지 연결 고리를 만들어 둘 것.

메모를 한 곳에 모으는 이유는 찾기 쉽게 하기 위함이다. 여러 곳에 분산해 저장하면 찾기가 더 어렵다. 현재 난 노션에 메모를 모으고 있다.

메모를 원문 그대로 베껴두는 이유는 나중에 글을 쓸 때 인용하기 위함이다. 요약만 하거나 마인드 맵 등을 활용해 단편적으로 키워드만 작성할 경우 훗날 무슨 내용인지 알아 볼 수 없기에 책을 다시 펴보는 수고를 해야 한다. 그래서 난 원문 그대로 베껴놓는다. 대신 원문 밑에 요약을 추가한다. 이렇게 하는 이유는 요약하는 과정에서 반복 학습 효과가 있고 이해도도 올라가며 글을 쓸 때 언제든 사용할 근거로 사용하기 편해서다. 『책 제대로 읽는 법』에서 말했듯 "책의 내용을 그대로 옮겨 적는 건 저자의 생각과 내 생각을 분리하고, 오해를 방지하기 위함이며, 읽은 내용을 나만의 언어로 요약하는 것은 내 관점을 만들기 위함이다." 메모 없이 요약만 하는 실수를 하지 않길 바란다. 메모 없는 요약은 자칫 그것이 내 생각인 양 착각하게 만들어 교만해질 수 있기 때문이다. 그래서 책의 내용을, 저자의 생각을 그대로 옮겨 적는 것이 필요하다.

마지막은 메모를 어디에 활용할지 연결고리를 만드는 작업이다. 객관적이고 구체적으로 검증된 정보는 실제로 사용해야 진가를 발휘한다. 메모를 강의에 활용할 것인지, 글쓰기에 활용할 것인지를 정하는 간단한 작업만으로도 활용할 수 있는 범위는 점점 늘어난다. 하나의 메모가 여러 개의 링크에 연결될 수도 있으며 그만큼 연결이 많아질수록 활용 범위 또한 늘어날 테니까.

> 메모는 삶 그 자체다. 메모를 하면서 세상을 이해하고 아이디어를 만들어내며, 메모를 하면서 자신을 알아가고 인생의 나침반을 찾아가자. 메모를 하면서 꿈을 찾고 열정을 발산하라. 그 열정은 나를 움직이고 타인을 움직이며 결과적으로 인생을, 세상을 더 나은 방향으로 흘러가게 할 것이다.
>
> 마에다 유지, 『메모의 마법』, 비즈니스북스, 2020

메모의 본질은 '돌이켜보는 것'이란 걸 잊지 말자. 메모한 내용을 다시 볼 때 그 속에서 뽑아낼 수 있는 배움의 요소가 믿어지지 않을 만큼 가득하다. 메모한 '사실'을 어떤 식으로 자신에게 맞도록 연결해서 새로운 걸 만들어낼 수 있을까? 이 단계까지 나아가야 메모의 효과가 나타난다. 다시 살펴볼 때 당신의 메모는 진가를 발휘한다. 다시 살펴보면 새로운 아이디어도 얻을 수 있고 무언가 창조해내고 싶은 욕구도 생길 것이다. 새로운 것을 창조하는 일은 스스로에게 매우 깊은 성취감을 안겨줄 뿐 아니라 다른 사람들에게도 영감을 주고 즐겁게 하며 교훈을 주고 긍정적인 영향도 준다.

21
기억보다 중요한
이해와 정리

"

믿기 어렵겠지만 책을 읽고 평생 기억하는 간단한 방법이 있다. 그 방법은 바로 책을 읽은 후 다른 사람에게 설명하는 것이다. 이 과정에서 자연스럽게 이야기가 만들어지고, 만약 부족한 부분이 있으면 스스로 알아차리게 된다. 다른 사람에게 설명하기는 간단하면서도 강의와 같은 효과를 낸다. 따라서 이 과정을 반복하면 장기 기억으로 남아 평생 기억할 수 있다.

책을 읽어도 기억에 남지 않았다면 이제부터

다음 내용을 주의 깊게 읽어보길 바란다. 기억은 인풋이라고 생각하는 사람들이 많다. 머릿속에 정보를 '채워 넣는다'는 의미로 생각하는 것이다. 그러나 그런 방식은 큰 노력과 에너지를 상당히 필요로 한다. 반면 암기하려 하지 않고도 정보를 기억하는 방법이 있는데 그게 바로 아웃풋이다.

아웃풋이란 정보를 사용한다는 의미다. 예를 들어 남에게 말하거나 글로 쓰는 것을 말한다. 왜 아웃풋이 기억에 효과적일까? 뇌는 자주 사용되는 정보를 중요하다고 판단해 장기 기억으로 저장하기 때문이다. 1주일 안에 3번만 아웃풋하면 그 정보는 높은 확률로 기억에 남는다.

뇌의 해마는 정보들을 1~2주 동안 보존하고, 그동안 반복된 정보에 '중요'라는 꼬리표를 붙인다. 중요한 정보는 측두엽의 '기억의 금고'로 옮겨져 오래 저장된다. 만약 책에서 읽은 정보를 측두엽으로 옮길 수 있다면 10년이 지나도 잊지 않을 것이다.

일본의 정신과 의사이자 작가인 가바사와 시온은 이를 '외우지 않는 기억술'이라 부르며 실제로 수십 권의 저서를 통해 이를 증명했다. 사람들은 그의 저술 활동을 보면서 어떻게 이렇게 생산적일 수 있냐며 물었는데 그 비결이 바로 읽고 난 뒤 바로 아웃풋을 하는 전략이라고 말했다. 그는 강조한다. 기억은 사전 준비가 90%라고. "난 기억력이 나빠."라고 말하는 사람들의 문제는 대부분 기억력 그 자체보다는 사전 준비 과정에 문제가 있을 가능성이 크다고.

기억은 4단계를 거친다. 1단계 이해, 2단계 정리, 3단계 기억, 4단계 반복이다. 기억력이 나쁘다고 생각하는 사람들은 보통 이해와 정리의 과정을 소홀히 한다. 사실 이 두 과정이 기억보다 더 중요할 수 있다. 뇌는 이해를 통해 사물을 기억한다. 다른 사람에게 설명할 수 있을 만큼 이해한다면 오래 기억할 수 있다.

이해한 내용을 다른 것과 연관 짓고 정리하면 더 오래 기억할 수 있다. 뇌는 분류와 비교를 좋아하기 때문이다. 단순히 그림이나 도표로 정리하는 것만으로도 기억력은 크게 향상된다. 학교 성적이 좋은 아이들은 기억력이 좋은 것처럼 보이지만 사실은 이해력과 정리, 요약 능력이 뛰어난 것뿐이다. 따라서 시험 성적은 기억 이전 단계에서 이미 결정된다. 기억력이 부족해도 이해력과 정리 능력으로 충분히 보완할 수 있다.

성적이 좋은 아이들은 자신이 아는 것을 주변 사람들에게 설명하면서 자신의 지식을 장기 기억으로 만든다. 남에게 알려주면서 자연스럽게 내용이 '스토리화'되어 기억에 남는 것이다.

책을 읽고 금세 내용을 잊어버린다면 이제부터 누군가에게 그 내용을 이야기해 보자. 친구, 가족, 직장 동료 누구라도 좋다. 이렇게 간단한 방법으로 책의 내용을 기억할 수 있다면 놀랍지 않은가? "친구에게 책을 읽고 감상평을 이야기했다"는 경험 자체가 에피소드 기억이 되어 더 오랫동안 뇌리에 남는 것이다. 이제부턴 내가 읽은 내용을 다른 사람에게 말해보자. 간단한 아웃풋 방법이지만 그 효과는 절대적이다. 자신이 직접 경험한 것을 이야기하는 순간, 정보는 스토리화 되어 '에피소드 기억'으로 바뀐다.

누군가에게 알기 쉽게 설명할 수 있다는 것은 그 정보가 이미 머릿속에서 스토리화 되었음을 의미한다. 이는 의미 기억이 에피소드 기억으로 뇌리에 깊이 자리 잡았다는 증거다. 상대방을 이해시킬 수 있는 사람은 이미 자신이 충분히 이해한 사람이다.

상담을 할 때 상담자가 아무 말을 하지 않더라도, 자신의 이야기를 하다 보면 머릿속이 정리되고 문제 해결의 실마리를 찾을 수 있다는 것이 바로 그 예다. '말하기'라는 아웃풋은 '머릿속 정리'에 탁월한 효과가 있다.

다른 사람에게 말로 설명하기 어렵다면, 블로그나 SNS를 활용하는 방법도 괜찮다. 지금 당장 읽은 내용을 아웃풋 해보자. 해보면 그 효과에 아마 깜짝 놀랄 것이다. 중요한 것은 '알기'가 아니라 '하기'니까.

22
변화를 만드는 건
책을 대하는 태도다

"

학생이 배울 준비가 되어 있을 때 비로소 선생이 나타난다는 옛말이 있다. 당신이 배우고자 하지 않으면 아무리 책을 읽어봐야 변화는 찾아오지 않는다. 참된 성장을 원한다면 먼저 배울 준비가 되어 있어야 한다. 성장의 과정은 학교 시스템과 비슷하다. 1학년에서 시작해 2학년으로, 그리고 3학년으로 올라간다. 영리한 시스템이다. 이 시스템의 배후에 있는 원칙은 '실력이 좋아질수록 더 큰 경기에 나갈 수 있다'이다. 하지만 정말 많은 사람이 이 시스템을 포기한다.

그들은 더 큰 경기에 나갈 궁리만 할 뿐 더 큰 경기에 걸맞은 실력을 갖췄는가에 대한 검토엔 매우 인색하다. 높은 보수와 보상만 바랄 뿐이다. 그건 우리가 큰 경기를 뛰는 실력을 갖추었을 때 얻어지는 전리품일 뿐이다. '실력을 갖추는 것'이 먼저다.

책을 가까이하지 못하는 사람들이 자주 하는 이야기가 있다. "다른 사람 스토리가 나한테 무슨 도움이 되겠어?"라는 말이다. 남들의 성공 말고 자신만의 이야기를 써야 한다고 그들은 말한다.

책을 읽어도 아무런 변화가 없었다며 책을 멀리하는 사람들도 마찬가지다. 그들은 "내가 책 좀 읽어봤는데 아무런 도움이 안 되더라." 이런 말과 생각이 참된 성장을 가로막는다.

어쩌다 한 번 해본 것으로는 결과를 낼 수 없다. 어쩌다 한 번이 아닌 꾸준히 했을 때만 결과가 나온다. 부정적인 말을 자주 하는 사람은 무엇을 해도 변화를 만들기 어렵다. 스스로 가둔 생각의 감옥에서 탈출하지 못하기 때문이다.

그런 이들에게 묻고 싶다. 내 주변에 성공한 사람들이 있냐고 말이다. 가장 뛰어난 사람, 가장 위대한 성공을 거둔 사람에게 배울 수 있는 무한한 지식을 놓쳐야 하는 이유는 무엇인가? 삶을 변화시키는 아이디어를 가장 쉽게 알려주는 다른 방법이 있는가? 라고.

그 사람이 특별해서 가능했던 방법이라고 생각해서는 안 된다. 우리도 누군가에게 기적이었던 특별한 사람들이다. 지금 그 기적은 어디로 사라졌는가? 만약 그가 할 수 있었다면 나도 할 수 있다. 그가 특별하다면, 나도 특별하다.

누구에게 무엇을 배우러 갔을 때, '진짜 나 뭐든지 할 수 있어'라는 마음으로 온 사람과 '어디 얼마나 도움이 되는지 얘기나 한번 들어보자'

하고 온 사람의 차이는 분명하다. 결과는 확연히 갈린다. 말한 사람은 분명 똑같은 말을 해줬는데 시간이 흐른 뒤에 보면 굉장히 달라진다.

중요한 건 책이 아니라, 그 책을 읽는 태도다. 책 한 권을 만드는 데 얼마나 오랜 시간이 걸리는지 아는가? 최소 6개월에서 길게는 일평생이 걸리기도 한다. 이런 오랜 시간을 압축해 놓은 책을 당신은 여태 어떻게 읽고 있었는지 생각해 보길 바란다.

손흥민의 아버지인 손웅정 씨는 책을 읽을 때 손을 씻고 읽는다고 한다. 마음가짐을 정갈히 하고서 책을 읽는다는 의미일 것이다. 그가 정갈한 마음으로 책을 대하는 것처럼 이런 마음으로 책을 대할 때에야 비로소 책에서 배울 수 있다.

책에서 배워야 하는 건 성공담이 아니라 그 사람이 가진 것 하나 없을 때 시작했던 바로 그 무언가다. 실패를 딛고 계속 도전하는 그 삶의 자세다.

책을 읽고 실천에 옮긴 사람들은 말한다. 내 삶을 변화시킨 건 책이라고. 하지만 실천하지 않은 사람들은 말한다. 책을 읽어도 아무런 변화가 없었다고.

왜 같은 책을 읽고도 이렇게 다르게 말하는 것일까? 그것은 바로 책을 대하는 태도에 있다. 당신이 꼭 한 번만 만날 수 있는 위대한 스승이 있다고 생각해 보자. 당신은 그 스승을 어떻게 대하겠는가? 그냥 한번 만나보자고 접근할 것인가? 아니면 딱 한 번만 만날 수 있으니 이 사람의 모든 말을 녹음하고 반복적으로 들어보려 할 것인가?

돈, 인맥, 재능이 없는 내가 성공하려고 선택한 방법은 독서였다. 그런데 책을 읽어도 내 인생은 달라지지 않았다. 그 이유는 '일주일 안에 한 권 읽어야지', '이번 연도에는 100권 읽어야지'처럼 단순히 책을 '읽는 것'이 목표였기 때문이다. 읽은 이후에 행동이 없었다.

　나는 40대에 접어들면서 책을 읽었고, 저자들의 강연을 접하면서 실행의 비밀 한 가지를 알게 되었다. 강의를 듣는 사람 500명 중에서 저자의 말을 그대로 따라 실행하는 사람은 1퍼센트도 안 된다는 사실 말이다. 당신이 오늘 바로 책을 읽고 실행한다면 당신은 1퍼센트의 주인공이 된다. 산산이 부서진 인생일지라도 실행을 반복하면 오롯이 실패와 성공의 경험이 쌓여 나만의 자산이 된다. 누가 대신 살아주는 삶이 아니라 아끼고 소중히 여겨야 할 자신의 삶이다. 당신이 어떤 삶을 살아가든 인생을 사랑하기를, 그래서 오늘의 실행이 당신을 배신하지 않기를.

　책을 읽고 삶을 살아가는 힌트를 얻고, 어떤 동기를 만들고, 습관 만들기의 비밀을 알아차렸다면 이제부턴 실행해야 할 때다.

지금 내 상황에 필요한 게 뭔지, 나의 관심사가 뭔지 정하고 잘 읽히는 책을 고른 뒤 저자의 힌트를 따라 하찮은 목표를 세우고 이뤄보는 것이다. 그렇게 쌓인 매일의 성공 경험이 훗날 당신의 미래를 밝혀줄 것이다.

책을 대하는 태도가 변화를 만들고 변화는 한 사람의 인생을 송두리째 바꿀 수 있다.
"당신이 할 수 있는 가장 큰 모험은 당신이 꿈꾸던 삶을 사는 것이다."
지식은 아는 것에 그치고, 지혜는 실천을 통해 생긴다는 걸 기억하자. 지금 당장, 읽고 배운 것을 실행하라. 그렇게 할 때만이 그 지식이 진정 당신의 것이 될 수 있다.

23
독서를 방해하는
조급함

"

"다름이 아니라, 이제 막 독서에 흥미를 가지게 되면서 읽고 싶은 책이 너무 많아 고민입니다. 독서법에 관한 책을 읽고 있으면 마인드 셋 같은 책도 읽어야 할 것 같고, 그러다 보니 조바심이 듭니다. 여러 권을 동시에 읽으면 지루하진 않지만, 머릿속에 정리가 안 되는 기분이 들어요. 어떻게 하면 좋을까요?"

독자에게 첫 독서란 마치 즉흥 연설과 같아서 조급함을 완전히 억누르기란 어렵다. 독자는 결론이 궁금하고, 빨리 답을 얻고 싶기 때문이다. 설사 조급함이 나쁜 것이라 해도, 누구도 그것에서 완전히 벗어날 수는 없다.

나도 예전에 그랬다. 내 경우 조바심의 원인은 두 가지였다. 첫째는 책을 뒤늦게 읽기 시작하다보니 사람들이 인용하는 유명한 책들조차 내겐 모두 낯설어 어서 남들을 따라잡아야 한다는 생각이었고, 둘째는 나도 남들처럼 무언가 되어보고 싶다는 욕심이었다.

7년 동안 꾸준히 읽다 보니 알겠다. 조급함은 허황된 욕심과 환상이 만들어낸 병이란 것을. 해답은 매일 조금씩 꾸준히 읽는 것이란 걸 말이다. 저자가 책 한 권 쓰려고 해도 오랜 시간이 필요한데 여러 분야의 책 몇 권 읽고 거짓 행세를 하려는 것이 병 아니면 무엇일까.

조바심이 들 때마다 난 이렇게 생각한다. "독서는 평생 하는 거다, 지금 당장 서두를 필요 없다." 이 생각을 되새기면서 마음을 진정시킨다. 남들이 나 대신 즐거움이나 행복을 찾아주지 않는다. 그것은 내 몫이다. 그러니 기준을 남이 아닌 나에게 맞추어야 한다. 남들의 속도에 휘둘리지 말고, 나만의 속도를 찾아야 하는 이유다.

책을 읽을 때마다 습자지에 먹물이 스며들 듯 글자가 내 안에 흡수되기를 바라는 마음으로 천천히 읽다 보면 글자 사이에 숨겨진 지혜가 나에게 새겨지는 경험을 하게 될 것이다. 남들의 기준이 아닌 나에게 필요한 책을 만나면 누구나 가능하다.

처음 운전했을 때를 떠올려보자. 처음에는 겨우 앞만 보는 실력이지만 시간이 지나면 한 손으로 문자 메시지를 보내며 운전도 가능해진다. 처음 그림을 그릴 땐 뼈대만 그리던 것이 오랜 시간이 지나면 그림자도 넣고 입체적 그림을 그릴 수 있다. 독서도 이와 같다.

잘하지 못하는 일을 잘하는 방법은 오래 하는 것뿐이다. 독서도 그렇다. 물이 끓으려면 100도에 도달해야 하는데, 20도도 견디지 못하고 새로운 것을 찾아 나서는 사람들이 많다. 그들은 새로운 방법이 나올 때마다 이리저리 옮겨 다니다가 결국 시간만 낭비할 뿐이다. 꾸준히 해야 변화가 생기는데 '조급함'이 그 변화를 막는다. 책을 꾸준히 읽다 보면 겸손해지고 조급함이 줄어든다. 시간이 알려줄 것이다.

24
지금 스마트폰의
스크린 타임을 확인하라

"

지금은 인류 역사상 인간이 가장 산만한 환경에 노출된 시대다. 무엇보다 하루에 2~3천 번씩 만지게 되는 스마트폰의 존재, 수시로 울리는 알람, 무분별하게 보게 되는 광고, 시선을 잡아끄는 다채로운 이미지 이런 것이 성인뿐만 아니라 아이들에게서 집중력을 앗아가고 있다.

노르웨이 스타방에르 대학에서 문해력을 연구하는 아네 망엔Anne Mangen 교수는 사람들을 두 집단으로 나눈 뒤 한 집단에는 종이책으로 정보를 제공하고, 다른 집단에는 똑같은 정보를 화면으로 제공했다. 그다음 모두에게 방금 읽은 내용을 질문했다. 이렇게 하면 화면으로 정보를 본 사람들은 내용을 더 적게 이해하고 기억한다는 사실을 증명하기 위한 실험이었다.

이 실험을 통해 그는 독서가 특정 방식의 읽기를 훈련시킨다는 사실을 발견했다. 바로 오랜 시간 한 가지에 집중하는 선형적 방식의 읽기 방식이었다. 반면 화면을 통한 읽기는 정신없이 넘기면서 초점을 옮기는 방식의 읽기를 훈련시킨다는 사실을 알아냈다. 그의 연구는 사람들이 화면으로 글을 읽을 때 '대충 훑어보는 경우가 많다'는 사실을 알려준다.

우리는 정보를 빨리 훑어서 필요한 내용을 뽑아내려 한다. 그러나 그는 사람들이 이 행동을 지속하면 "훑어보기가 번져 나가게 된다."라고 말했다. 점차 우리가 종이에 쓰인 글을 읽는 방식에까지 영향을 미친다는 것이다.

아네 망엔은 이러한 현상을 '화면의 열세'라 설명한다.

디지털 도구를 활용한 학교 교육에서 앞서가던 스웨덴이 종이책과 독서, 손으로 글쓰기 등 전통 방식으로 교육을 바꾸고 있다. 태블릿 등 디지털 도구가 어린이들의 교육에 방해가 된다는 지적이 이어지면서 나타난 변화다. 스웨덴의 학교들은 종이책 사용, 조용히 앉아서 책 읽기, 필기도구를 사용한 글쓰기 시간을 늘렸다. 대신 태블릿 같은 디지털 기기 사용, 학생 혼자 인터넷 검색하기, 키보드 자판 익히기 등에 할애하는 시간은 줄었다.

집중력 문제는 더 이상 개인의 문제가 아니다. 전 사회의 문제다. 집중력 문제와 비만율 증가의 공통점이 존재한다. 50년 전에는 매우 드물었지만, 오늘날에는 세계의 유행병이 되었다는 사실이다.

스마트폰은 우리의 집중력을 빼앗는다. 그곳에 한눈파는 순간 어느새 1시간이 훌쩍 사라진다. 『도둑맞은 집중력』의 저자 요한 하리Johann Hari는 "미국 대학생의 집중력 평균 19초, 성인은 3분. 스크린 평균 타임 시간은 3시간 15분."이라는 결과를 자신의 책을 통해 세상에 알렸다.

나도 위 내용을 읽자마자 바로 그 자리에서 스마트폰의 스크린 타임 시간을 확인해 봤다. 거기엔 눈으로 보고도 믿지 못할 숫자가 찍혀 있었다. 3시간 20분. 나도 모르는 사이 매일 3시간 20분가량 스마트폰에 시간을 도둑맞고 있었다.

변화의 시작은 '인지'부터라고 했던가. 3시간 20분 사용 시간을 눈으로 확인한 뒤로, 의도적으로 스마트폰과 거리 두기를 시작했다. 처음부터 즉각 효과는 나타나지 않았지만, 서서히 스마트폰에 빼앗긴 시간을 되찾았다. 지금은 1시간 30분 이내로 스마트폰 사용 시간을 절반가량 줄였고 그 시간을 독서와 글쓰기에 사용하고 있다.

결국 책을 통해 나의 문제를 발견했고 나를 관찰하면서 그 문제를 개선할 수 있었다. 만약 여기까지 읽었다면, 당신도 스크린 타임을 확인해 보고, 얼마나 자주 스마트폰에 귀중한 시간을 빼앗기고 있는지 한번 확인하길 바란다. 남들의 일상을 기웃거리느라 하루에 버려지는 시간이 얼마나 많은지를 스스로 확인하길 바란다.

무엇이든지 한 번에 개선되지는 않는다. 집중력도 마찬가지다. 하지만 매일 15분씩, 스마트폰에 빼앗긴 시선을 집중력이 필요한 일(독서, 글쓰기)로 옮기다 보면, 그렇게 작은 성공을 이어간다면, 빼앗긴 집중력도 회복할 수 있을 거라 생각한다.

중요한 건, 나의 문제를 발견했다는 것이니 그것을 개선하기 위해 신경 쓰면서 애쓰면 된다. 애쓴 것은 사라지지 않을 테니까 말이다.

25
독서가 습관이 되면
누릴 수 있는 10가지

"

독서 습관을 가진 사람만이 누리고 있는 것을 살펴보자.

1) 안목이 생긴다

세상의 말들은 오염되어 있다. 초등학교 4학년에 앞날이 결정된다는 둥 몇 살에 해야 하는 몇 가지라는 둥 존재를 옥죄는 책들이 버젓이 베스트셀러에 올라와 있다. 부모의 재력, 학벌, 계급에 따라 아이의 삶을 거래하는 말들이 출판 시장에도 유통되고 있다.

인터넷 포털 화면을 켜면 쏟아지는 연예인의 일거수일투족 동향과 지하철 광고판의 현란한 문구들과 TV에서 무작위로 유포하는 자막들이 내 시간과 관심을 유혹한다. 그것은 하나같이 자본주의에 길들여진 삶, 경쟁과 출세와 소비를 촉구하고 재생산하는 집요한 언어다. 삶의 가치라는 고귀한 물음을 봉쇄하고 주변에 있는 타인의 삶에 등 돌리게 하는 쓸쓸한 언어다. 성공과 실패, 행복과 불행에 대한 통념과 상식은 남들이 만들어낸 흑백논리의 언어로 포장되어 있다.

'○○ 하면 월 천 법니다.'라며 물질에 눈먼 사람들에게 무료로 자신의 노하우를 전수해 준다는 유튜버들. 실행만 하면 월 천만 원을 우습게 벌 수 있다고 과장해서 말하는 이들. 그들의 상품을 사줄 그들의 고객은 바로 '당신'이라는 것을 알고 있는가? 그들을 유혹해 자신의 강의를 파는 것이 그들의 목적이다. 얄팍한 사기의 피해자는 지금도 늘고 있고 피해를 본 사람들 중 실제 후기가 이어지면서 그들의 진면목이 만천하에 드러난다.

SNS에 접속만 하면 하나 건너 광고로 포장된 콘텐츠들이 즐비하다. 우리는 그것이 광고인 줄도 모르고 그냥 여기가 맛집인가 보다 생각한다. 광고주 입장에서는 돈을 써줄 고객을 모집해야 하니, 계속해서 낚시성 문구들만 성행하는 이런 현실이 안타깝다. 하지만 받아들여야 한다. 우린 '자본주의' 세상에 살고 있으니까. 그리고 자본주의는 부러움을 만들어내야만 하는 시스템이니까.

세상에는 가짜들이 넘쳐난다. 팔아야 하는 것들은 허위로 과대 포장해 상품을 내놓을 수밖에 없는 것이 숙명이니까. 그러나 실망하지 마시라. 책을 읽다 보면 점차 아는 것들이 많아지고 가짜들에 속지 않고 진짜를 발견하는 '안목'이 생길 테니까. 책을 몇 권 읽었다고 바로 '안목'이 생기는 건 아니다. 그리고 즉시 문제가 해결되거나 불행한 상황이 뚝딱 바뀌는 것은 아니지만 다양한 근거와 시각을 접하게 되면서 진짜를 알아볼 수 있는 안목이 생긴다.

2) 나만의 관점이 생긴다

고대 철학자 에픽테토스는 인간은 사물로 고통받는 것이 아니라 사물에 대한 관점 때문에 고통받는다고 말했다.

책을 꾸준히 읽다 보면, 저자들이 난처한 상황에서 어떻게 문제들을 해결했는지에 대한 관점을 흡수할 수 있다. 그리고 그 관점을 내 삶에 적용하면서 남들과 다른 나만의 독특한 관점이 생긴다.

난감한 상황에 처할 때마다 지혜롭게 해결했을 법한 사람들을 떠올리며 이전과 다른 행동을 할 수 있게 된다. 관점으로 생각의 틀이 바뀌기 때문이다.

3) 보이지 않던 것들이 보인다

쇼펜하우어는 누구나 자기 시야의 한계를 세계의 한계로 간주한다고 했다. 책으로 시야가 넓어진 만큼 나의 세계도 넓어진다. 사람들의 행동이 다시 보이고, 사람들의 대화가 다시 들린다. 여태 모르고 있었던, 들리지 않았던 사람들의 대화가 머릿속에서 해석된다. 분명 같은 말인데 번역되어 들린다. 덕분에 뇌가 고생이 많다.

4) 핵심을 파악할 수 있는 요약력 인간으로 바뀐다

자기계발서의 가장 큰 장점은 많은 시간을 투자하지 않고 한두 가지의 내용만 잘 익혀도 삶의 방법이 달라질 수 있다는 것이다.

사이토 다카시가 제시한 『일류의 조건』 중 인

상적인 부분은 '요약하는 힘'이다. 요약하는 힘은 "요약하자면"이라는 작은 말 습관 하나지만, 효과적으로 자신의 생각을 전달할 수 있다.

만약 대화할 때 상대의 말이 요점 없이 수다스럽기만 하면 어떨까? 듣는 사람의 입장에서는 지루하고 답답하다. 말이 길어질수록 이야기가 곁가지로 흘러가면서 설득력마저 떨어진다. 특히 중요한 회의나 강의에서 이런 상황이 벌어진다면 모두에게 손해라는 것은 불 보듯 뻔한 일이다.

요약하는 습관을 기르면 시간 확보는 물론이고 효율적인 일 처리에도 큰 도움이 될 것이다. 나도 이 주장에 깊은 감명을 받아 강의를 한 시간 하면 세 번 정도 요약을 한다. 요약해서 말하면 말하는 사람의 생각도 자연스럽게 정리가 되고, 듣는 사람도 쉽게 이해할 수 있다. 목표가 명확하게 드러나서 매우 효과적이다. 인생 자체가 아주 간명해진다.

5) 자신을 신뢰한다

삶 속에서 진정한 성취감을 누리려면 자신을 이해하는 것부터 시작하는 것이 좋다. 자신이 어떤 사람이고 무엇을 원하는지 이해하지 못한다면 어떻게 뜻하는 대로 살 수 있을까? 옛말에 지피지기면 백전백승이란 말은 이걸 두고 한 말일 것이다.

MBTI가 유행처럼 번지고 있지만, 난 MBTI보다 에니어그램Enneagram을 더 신뢰하는 편이다. 에니어그램은 사람을 9가지 성격으로 분류한 성격 유형 이론 중의 하나로 ennea는 9를 뜻하는 그리스어 εννέα에서, gram은 '도형'이란 뜻의 'γραμμοσ'에서 나왔다. 에니어그램을 신뢰하는 이유는 개인의 성격뿐 아니라, 인물별로 긍정적 능력과 약점을 알려주고 극복할 방안도 함께 알려주기 때문이다. 또한 성장 방향과 퇴보 방향에 대해 대략적인 그림을 그려줌으로 자신이 어떤 유형에 속하는 사람인지 보다 더 정확하게 알 수 있기 때문이다. 자신의 에니어그램을 알려면 테스트를 해도 좋고, 심도 있게 알고 싶다면 『에니어그램의 지혜』라는 책을 읽어보길 추천한다.

예전에 부모님과 친구들의 말만 믿고 그만두기를 잘하던 나란 사람의 유형은 머리 중심의 7번이었고 성과를 내지 못했던 이유는 새로운 것에 흥미를 잘 느끼는 성향 때문이었다. 덕분에 남들보다 다양한 경험을 할 수 있었고 지금은 내가 경험했던 많은 것들을 알려주고 나눠주는 것이 잘 맞아 그것들을 정리해 책을 쓰는 일도 즐기고 있다. 자신이 원하는 것이 무엇이고 이를 향해 자기가 갖고 있는 자원과 능력을 적절한 장소와 시기에 활용할 줄 알게 되므로 조금 더 진취적으로 살아갈 수 있다.

책은 단돈 15,000원으로 한 시대를 호령했던 천재들의 지혜를 살 수 있고 문제에 대한 답을 찾을 수 있으며 삶의 의미와 목표를 찾게 도와

주는 최고의 스승이며 영원히 배신하지 않는 친구 같은 존재다. 이런 든든한 친구와 나를 믿어주는 자기 신뢰가 합쳐진다면 세상에 못 이룰 것이 하나도 없다.

6) 인간관계에 집착하지 않게 된다

질투하는 사람은 한 번 죽는 것이 아니라 경쟁자가 갈채를 받을 때마다 죽는다.

발타자르 그라시안

뒷담화, 상처, 절교. 친구와의 불화, 직장 상사와의 불화, 선후배 간의 갈등, 부모님과의 관계 등 살면서 우린 수많은 인간관계를 맺으면서 원치 않는 상처를 받거나 주게 된다.

내가 도대체 뭘 잘못했는지 아무리 생각을 해봐도 모르겠고 이 사람들이 도대체 나한테 왜 이러나 싶기도 하다.

뜻밖에 아주 야비하고 어이없는 일을 당하더라도
그것 때문에 괴로워하거나 짜증 내지 마라. 그냥
지식이 하나 늘었다고 생각하라. 인간의 성격을
공부하던 중에 고려해야 할 요소가 새로 하나 나
타난 것뿐이다.

우연히 아주 특이한 광물 표본을 손에 넣은 광물
학자와 같은 태도를 취하라.

아르투어 쇼펜하우어

책을 읽으면 고대로부터 전해져오는 철학자
들의 혼이 담긴 언어를 통해 인간관계의 해법
을 알게 된다. 더 이상 사람에게 집착하지 않게
된다.

험담은 세 사람을 죽인다. 말하는 자, 험담의 대상
자, 듣는 자.

『미드라시』

사람에 대한 험담은 문자로 기록된 가장 오래된

인간의 기벽 중 하나로, 구약성서와 문자의 여명기부터 내려온 여타 고대 문헌에도 기록되어 있다. 인간은 여러 가지 이유로 험담을 즐긴다.

유발 하라리, 『사피엔스』, 김영사, 2023

남의 험담을 좋아하고 특히 상호 간에 아는 인물을 험담하는 사람은 당신에 대한 험담도 분명히 한다. 그리고 험담이란 시기심을 숨기기 위해 흔히 동원되는 위장술이다. 악의적인 루머와 이야기를 공유함으로써 시기심을 편리하게 분출하는 것이다. 남의 뒤에서 험담을 할 때 그들의 눈은 반짝이고 목소리는 생기를 띠는 것을 알 수 있을 것이다. 험담은 그들에게 샤덴프로이데에 맞먹는 기쁨을 주기 때문이다. 그들은 아는 사람에 대해 어떻게든 험담할 거리를 찾아낼 것이다. 그들의 험담에 자주 등장하는 주제는 '그렇게까지 훌륭한 사람은 아무도 없다', '사람들은 겉보기와 다르다' 등이다.

로버트 그린, 『인간 본성의 법칙』, 위즈덤하우스, 2019

이런 건 책을 통해서 알 수 있고 깨달을 수 있는 것들이다.

7) 나를 가로막는 괴로움에서 자유로워진다

우리가 무언가를 배우는 것은 문제를 직시하고 해결하는 고통을 통해서다. 벤저민 프랭클린의 말대로 "고통을 느껴야 배운다." 이러한 이유 때문에 현명한 사람들은 문제를 두려워하지 않고 사실은 문제를 환영하며 실제로 문제가 주는 고통을 환영하는 법을 터득하려 한다. 문제를 마주하면 괴롭고, 나도 모르게 화가 나는 원인은 문제 자체가 아니라 문제를 비난하고 판단하려는 내 머릿속 생각 때문이다.

결국 내가 머릿속에서 그려낸 상상, 실제로 일어나지도 않을 일들을 미리 걱정하는 데서 비롯된 것들이다. 행동 없이 생각만 하면 위험해진다.

영어로는 overthinking. 상상의 세계가 진짜 내 세상을 잡아먹게 놔두면 안 된다. 생각은 조금만 하고 그냥 행동하는 게 좋다.

책을 펼치면 상상을 초월한 고통과 불행을 이겨낸 이들의 이야기를 들을 수 있고, 아무도 가지 않은 길을 뚜벅뚜벅 걸어가는 저자와 함께 같은 풍경을 바라볼 수도 있다. 오랜 세월 켜켜이 누적된 지혜를 만날 수도 있다.

신기하게도, 삶이 순조로울 때는 책이 그다지 시야에 들어오지 않는다. 오히려 문제가 생겼을 때, 실패했을 때, 눈앞이 캄캄해졌을 때 '인생의 책'을 만나게 된다.

8) 세상 모든 것에서 배울 수 있다

독서 습관을 가진 사람은 세상 모든 것에서 배울 수 있다. 놀라운 아이디어나 생각은 저명한 연사들의 강연에도 있지만 가까운 사람들과의 수다 속에도 있다. 멋진 장면은 비싼 레스토랑에도 있지만 문득 내다본 우리 집 창문에도 있는 것과 같은 이치다. 감동은 거대한 자연 경관에도 있지만 친구가 놓고 간 작은 쪽지에도 있다.

꾸준하게 책을 읽다 보면 굳이 책이 아니더라도 이같이 세상 모든 것으로부터 깨달음을 얻을 수 있는, 감각이 예민해지는 사람이 된다.

9) 뇌가 말랑말랑해진다

나이 든 사람들은 입버릇처럼 이렇게 말한다. "나도 20대 때는 머리가 빠릿빠릿하게 돌아갔는데…."

40살이 넘으면 뇌 기능이 감퇴하고, 젊은 시절과 같은 역량을 발휘할 수 없을 것이라고 철석같이 믿는 것이다. 그런데 최근 뇌과학 연구에 따르면, 20대의 뇌는 미숙한 상태이며, 정말로 뇌의 기능이 급격하게 활성화되는 시기는 30대 이후라고 한다. 그리고 뇌는 45세에서 55세에 최전성기를 맞이한다.

전과 다르게 기억력이 자꾸만 떨어지는 것처럼 느껴지는 까닭은 들어오는 정보는 모조리 기억하려 하는 20대와 다르게 30대 이후의 뇌는 들어오는 정보의 우선순위를 체크하여 정말 중요한 것만 남기도록 효율화되었기 때문이다. 그런 만큼 단순 기억 능력보다 이해하고 분석하는 것에 탁월한 능력을 발휘하고 어떤 업무를 처리함에 있어서 더 생산적이고 효율적인 결과를 이끌어낼 수 있다.

의외로 많은 사람이 40대 이후에 커리어의 정점을 찍는 것은 뇌의 이러한 속성 때문이다. 그러니 당신은 결코 늦지 않았다. 절대로 스스로의 능력에 제약을 걸지 말자. 당신은 아직 자기 자신의 진짜 능력을 발휘하지 않았으니까. 그리고 독서 습관이 당신의 커리어에 날개를 달아줄 테니까.

10) 생각이 바뀐다

매번 자신이 실수할 때마다, '으이구, 이럴 줄 알았지. 내 그럴 줄 알았어. 네가 뭘 한다고 그래.'라고 하는 내면의 목소리, 자기 비하의 목소리, 즉 '에고Ego'의 존재로부터 해방된다. '자기 비하'에서 해방되고 선입견에서 자유로워질 수 있다.

코끼리를 훈련할 때, 처음에는 아기 코끼리를 절대 끊을 수 없는 쇠사슬로 묶어서 벗어날 수 없다는 사실을 스스로 깨닫게 만든다고 한다. 코끼리는 성장하면서 힘이 세지지만, 자신이 탈출할 수 없다는 사실을 이미 받아들인 상태다. 그래서 나중에는 가느다란 끈으로 묶어놔도 코끼리가 탈출할 생각조차 하지 않는다고 한다.

사람도 마찬가지다. 자신의 한계를 섣불리 단정 지은 채 '나는 변할 수 없을 거야'라는 자기 불신에 사로잡히는 것은 가느다란 끈에 묶인 채로 탈출을 꿈꾸지 못하는 코끼리와 다르지 않다. 진정으로 변화하고 싶다면, 우선 스스로 변할 수 있다는 '믿음'과 변화를 선택하겠다는 '용기'를 함께 가져야 한다. 그렇게 자신의 가능성을 믿되, 바꿀 수 없는 점들은 겸허하게 인정하고 받아들이면 된다.

사람은 변할 수 있다. 그 폭과 깊이는 저마다 다르지만, 어떤 부분들은 확실히 변할 수 있다. 타고난 기질을 불평하기보다는 애정 어린 시선으로 바라보고, 후천적인 노력으로 바꿀 수 있는 부분에 집중하면서 삶을 개선해 나가는 것이 현명하다. 우리에겐 바꿀 수 없는 것을 받아들이는 평온함과 바꿀 수 있는 것을 바꾸는 용기, 그리고 이 둘의 차이를 알 수 있는 지혜가 필요하다.

26
독서도 복습이
중요하다

"

나는 취미로 라틴 댄스의 한 종류인 살사라는 춤을 배우고 있다. 살사를 배우면서 독서와 공통점을 발견해 『인생은 살사처럼』에 싣기도 했다. 그건 바로 '복습의 중요성'이다.

살사 수업에서 새로운 동작을 배우면 그 순간에는 춤이 된다. 하지만 수업이 끝나고 15분 거리에 있는 살사바로 이동하면 방금 배운 동작들이 기억나지 않는다. 이는 책을 읽을 때는 다 알 것 같고 기억날 것 같지만 막상 책을 덮으면 잊

혀지는 것과 같다. 그래서 살사바에 도착해 영상을 다시 보고 따라 하면서 동작을 복습한다. 아주 사소한 행동이지만, 이렇게 복습을 한 사람은 하지 않은 사람의 차이는 시간이 지날수록 확연히 벌어진다. 복습을 한 사람은 다음 수업에서 새로운 동작을 배우더라도 예전 기억을 떠올리며 자연스럽게 동작을 흡수할 수 있지만, 복습하지 않은 사람은 이전에 배운 동작도 완전 새로운 것처럼 느껴진다.

독서도 마찬가지다. 아침에 읽은 내용을 그날 머릿속에서 떠올려 보는 간단한 행동은 시간이 지날수록 큰 차이를 만든다. 단순히 읽기만 하면 내 것이 될 거란 생각은 착각이다. 독서에서 중요한 건 인풋input보다 아웃풋output이다.

학창 시절로 잠시 돌아가 보자. 참고서 각 장 마지막에 있던, 배운 내용을 테스트할 수 있는 문제들을 기억할 것이다. 그 문제들은 배운 내용을 복습하기 위한 아웃풋 도구였다. 문제를 푼 학생은 내가 무엇을 기억하고 기억하지 못하는지 문제를 풀며 확인하는 과정을 거쳐 배운 내용을 더 잘 기억할 수 있는 반면, 문제를 풀지 않은 학생은 금세 내용을 잊어버리게 된다. 당시엔 별거 아니란 생각에 그냥 넘어갔을지 모르나 결과는 시험 성적으로 증명된다. 난 문제를 풀지 않던 학생이었다.

세인트루이스 워싱턴 대학교 심리학 교수인 헨리 로디거Henry Roediger의 실험 결과를 살펴보자. 로디거 교수는 학생들을 두 그룹으로 나누어 자연사自然史 자료를 공부하게 했다. A그룹은 네 차례에 걸쳐 공부했고, B그룹은 한 번만 공부한 대신 세 번의 시험을 봤다. 일주일 후 두 그룹이 시험을 봤을 때, 결과는 어땠을까? B그룹이 A그룹보다 50% 더 높은 점수를 받았다. 적게 공부하고도 시험을 세 번 본 그룹이 더 많이 기억하고 성적도 좋았다. 이 실험 결과는 '복습'이 학습 효과를 높인다는 것을 보여준다.

기억과 학습에 대한 연구 권위자인 UCLA 심리학 교수 로버트 비욕Robert Bjork은 이렇게 말한다. "흔히 힘들이지 않고 쉽게 연습하는 것이 좋다고 생각하지만, 이는 아주 잘못된 학습 방식입니다. 기억은 녹음기처럼 작동하지 않습니다. 기억은 살아 있는 구조물로, 더 많은 자극과 도전을 통해 강화됩니다." 비욕 교수는 이것이 우리의 뇌가 기억과 학습에 작동하는 방식이라고 설명한다.

핸리 로디거 교수의 실험과 로버트 비욕 교수의 말에서 인풋보다 중요한 건 아웃풋이란 걸 알 수 있다. 이를 독서에 적용해 보면 책을 읽은 뒤 내용을 금세 잊어버리는 건 당연한 일이다. 왜냐하면 힘들이지 않는 읽기라는 인풋만 하고 시험 테스트와 같은 아웃풋은 하지 않았기 때문이다. 서구사회에 비해 동양은 끝없는 learning에만 집중하고 있다고 어떤 콘퍼런스에서 기자가 말하는 것을 들은 적이 있다. 기자는 learining 못지않게 중요한 게 doing이라는 것을 알려주었다.

이제부터 바꿔보자. 읽기만 하는 독서에서 벗어나, 아침에 읽은 내용을 수시로 떠올려보고 배운 것을 실제로 사용해 보자. 행동으로 옮겨보면 그 이후엔 나의 고유한 경험이 된다. 경험은 누구도 부인할 수 없는 나의 고유한 자산이며 삶의 근거다. 이런 근거들이 쌓이면 나만의 독특한 시각이 생긴다.

27
독서 모임이 주는
새로운 자극

"

시중에는 다양한 독서 모임들이 존재한다. 하지만 대부분은 책을 읽고 소감을 나누는 것으로 끝나는 경우가 많다. 그래서 차별화된 독서 모임을 선택하는 것이 좋다. 2017년부터 운영된 〈성장판 독서 모임〉은 『메모 습관의 힘』의 저자 신정철 작가가 운영하는 모임으로, 이곳은 '발제 독서' 형식을 취한다.

이 모임의 참가자들은 반드시 한 번 이상 발표를 해야 한다. 맡은 부분의 책을 읽고 요약하여 발표하는 과정을 거치면서 책을 여러 번 읽게 되고 다른 사람들과 소통하면서 읽기의 깊이가 달라진다. 책을 혼자만 읽고 끝냈다면 앞으로는 독서 모임도 참여하라고 권하고 싶다. 독서 모임에서 책을 읽는 것을 넘어 또 다른 것들을 배울 수 있다. 장단점으로 살펴보자.

독서 모임의 첫 번째 장점은 평소 읽지 않았던 새로운 분야의 책을 접할 수 있다는 것이다. 소설만 읽어왔던 사람이 자기계발서를 읽게 되거나, 사회 문제를 다룬 책을 읽어볼 기회가 생긴다. 반대로 자기계발서만 읽던 사람이 소설을 접하거나 철학책을 만날 수도 있다. 새로운 분야의 책을 읽으며 새로운 세계가 있다는 것을 깨닫게 된다.

두 번째로, 발제 모임에 참가하면 맡은 파트의 내용을 전달해야 하기 때문에 몇 번이고 다시 읽으며 책을 전보다 깊이 있게 읽을 수 있다. 혼자 읽을 때는 한 번 휘리릭 보고 넘어갔던 책도 여기서는 반복해서 보고 요점을 짚어내야 하기 때문이다.

세 번째로, 이해가 부족했던 부분을 다른 사람들의 발표로 메울 수 있다. 혼자서는 이해하지 못했던 부분도 다른 사람의 해석을 통해 깨달을 수 있다. 책을 어떤 마음가짐으로 읽었는지, 책의 메시지와 저자의 의도 등을 나누며 책을 더욱 통합적으로 이해하게 된다. 또한 독서 모임에 참가한 사람들 각자가 하나의 '사람 책'이다. 이들은 독서 모임이 아니면 만날 수 없는 사람들로 직업과 배경이 매우 다양하기에 이를 통해 다른 삶의 영역도 엿볼 수 있다.

독서 모임의 핵심은 다양한 사람들의 이야기를 듣고, 서로 다른 생각과 의견을 경험하는 것이다. 나이가 들수록 만나는 사람이 한정되고 생활 반경이 좁아지기 마련이다. 회사와 집을 오가며 지친 일상에서 독서 모임은 새로운 자극이 될 수 있다.

물론 독서 모임의 단점도 있다. 점점 읽고 싶은 책이 많아져 책을 사는 비용이 늘어나고, 책 읽는 시간이 늘어난다. 남이 추천한 책만 읽다 보면 스스로 책을 선택하는 능력이 줄어들 수도 있다. 그래서 어느 정도 독서 모임을 경험한 후에는 스스로 책을 찾아 읽거나 자신만의 독서 모임을 만들어 운영해 보는 것을 추천한다.

독서 모임의 핵심은 듣는 것이다. 같은 텍스트를 읽고도 사람마다 이렇게 다양한 생각을 할 수 있다는 것을 확인하는 것이 중요하다. 독서 모임에 나가서 다양한 사람들의 이야기를 들어보자. 책에서 발견하지 못한 부분들이 퍼즐처럼 맞춰질 것이다.

독서 모임 외에 저자 강연회도 나가보라고 권하고 싶다. 책을 읽다가 동경하는 저자가 생기면 직접 찾아가서 그들의 이야기를 들어보라. 동경하는 대상을 찾았다는 것은 당신이 그들처럼 인생을 바꿀 기회를 만났다는 뜻이니까.

독서 모임에 참여한다고 인생이 갑자기 변하지는 않는다. 그러나 책을 읽고 다양한 사람들과 생각을 나누다 보면 어느새 삶의 색깔이 조금씩 더해진다. 독서 모임에 나가보길 추천한다. '이렇게 사는 사람들도 있구나' 느껴보길 바란다. 그들의 에너지는 남다르다. 열정이 있고 살아있음이 느껴진다. 그러니 용기 내서 독서 모임에 나가보시라. 의외로 재밌다.

28
읽은 책을
또 읽는 이유

"

　사람들이 한 번 읽은 책을 다시 읽는 경우는
거의 없다. 하지만 난 인상 깊게 읽은 책은 주기
적으로 반복해서 읽는 것을 추천한다. 나는 1년
주기로 인상 깊게 읽었던 책들을 다시 읽는 편
이다. 이유는 두 가지다. 첫째는 그 책을 읽으며
느꼈던 경외심을 다시 한번 얻기 위함이며, 둘
째는 새로운 것을 발견하기 위함이다.

　경외심은 자기 외 다른 대상에 감탄할 줄 아
는 능력이다. 경외심이 일어나는 순간엔 입에

서 감탄사가 절로 나온다. '우와~', '이야~'가 대표적이다. 감탄사 외에 더 이상 달리 표현할 수 없는 뜨거운 무언가가 가슴속에서 느껴진다. 우리는 어떨 때 감탄할까? 나로서는 전혀 만들어 낼 수 없는 것들, 예를 들면 대자연의 풍광, 환상적인 음악, 아름다운 예술 작품, 감동적인 스토리 등이 경외심을 불러일으킨다. 이런 경외심은 책을 읽으면서도 발견할 수 있다. 내 머리론 전혀 생각지 못한, 내 선입견을 도끼처럼 깨뜨려 줄 전율의 문장을 발견한 순간이 그렇다. 저자의 깊은 고심과 경험으로 도출한 해답 앞에서, 복잡한 문제를 단순하게 바라보는 시선 앞에서, 절로 고개가 숙여지고 입에선 조용한 탄성이 나온다.

아이들은 본능적으로 다시 읽기를 즐긴다. 아이에게 가장 좋아하는 책은 늘 똑같은 책이다. 아이들은 친숙한 문장을 자주 들으며 만족을 느낀다. 아이들이 똑같은 책에 애정을 보이는 이유는 그들이 '안전함safety'을 필요로 하기 때문일지 모른다. 예측 불가능한 세상에서, 아이는 자신이 의지할 수 있는 것을 소중하게 여기는 것이다. 그런데 책마저 예측할 수 없이 돌변한다면 아이는 의지할 바를 잃게 된다.

앞서 이야기한 대로 우리 모두의 독서는 완벽하지 않지만, 다시 읽음으로써 불완전한 독서를 바로 잡을 수 있다. 또한 이렇게 반복해서 읽으면 이전에 보이지 않던 것들이 새롭게 보이기도 한다. 그동안 내가 그만큼 성숙해지고 시선도 달라졌기 때문이다. 프랑스가 낳은 석학 에밀 파게Emile Faguet는 이렇게 말했다. 다시 읽는다는 것은 다시 살아간다는 것이라고.

새로운 음식을 찾고, 가본 여행지보다 미지의 땅을 밟는 게 좋았던 적도 있지만 책만은 유독 손때 묻은 쪽이 좋다. 나에게 전율을 준 손때 묻은 책은 나에게 안정감을 주고 힘들고 지쳤을 때 기운을 북돋아주며 명상에서 얘기하는 '인간 내면에 있는 성소'인 케렌시아가 되었기 때문이 아닐까.

　책을 읽는다는 건 작가의 세계 위에 세계를 겹쳐보는 일이다. 어떤 이야기도 읽는 이의 세계를 넘지 못한다. 내가 읽은 모든 이야기는 언제나 그때의 나만큼만 읽힌다. 그래서 하나의 이야기는 동시에 읽는 수만큼의 이야기가 된다.

29
꾸준함이
이긴다

"

*승패를 가르는 가장 큰 차이는 그만두지 않는 것
이다.*

월트 디즈니

크리스티앙 디오르, 프로이트, 헤밍웨이 이 세
사람의 공통점을 아는가? 그들이 무언가를 할
때마다 "넌 안 된다"라는 말을 들은 사람들이다.

수십 곳의 의상실로부터 "당신은 절대 패션
디자이너가 될 수 없습니다."라는 말을 들은 청

년은 머지않아 세계 패션의 거물이 된다. 그의 이름은 '크리스티앙 디오르'다. 새로운 이론을 발표할 때마다 의학계로부터 "쓰레기 같은 이론이다", "저질 의사의 정신병적 망상이다"라는 혹평을 받은 사람이 있다. 그런 처참한 평가를 무려 20년간 받은 사람은 정신분석학을 창시한 의사이면서 심리학자 '프로이트'다. 출판사 편집장으로부터 "이런 글 실력으로는 절대로 작가가 될 수 없다"라는 핀잔을 들은 무명작가가 있다. 그는 『노인과 바다』로 노벨 문학상을 수상하게 된다. 그 유명한 '헤밍웨이'다.

나도 그 말을 자주 들었다. 무언가 시작하려 할 때면 주변 사람들은 늘 내게 같은 말을 되풀이했다.

"넌 안 돼. 넌 재능이 없어서 안 될 거야. 넌 끈기가 없어서 안 될 거야. 너랑은 안 맞아."

한두 번으로 끝나면 좋았겠지만 그 말은 주기

29. 꾸준함이 이긴다

187

적으로 반복됐다. 고등학생 때 중창단에 들어가 노래를 해보겠다고 했을 때도, 대학 진로를 정하려 했을 때도, 직장을 그만두고 사진 일을 시작해 보겠다 했을 때도, 오늘부터 책을 읽겠다고 말했을 때도, 글을 써보겠다 했을 때도 가족, 친구들은 항상 같은 말은 했다. "넌 안 된다"라고.

반복해서 들은 그 말을 어느 순간부터 믿었다. 증거는 차고 넘쳤다. 피아노, 서예, 자전거, 수영, 노래, 춤, 공부 모두 뚜렷한 결과 하나 남기지 못하고 중단했던 나였으니까. 다양한 시도를 했지만 무엇 하나 꾸준하게 해내지 못했으니까.

40년의 믿음은 습관 관련 책을 읽으며 산산이 부서졌다. 재능은 주어지는 것이 아니라 꾸준한 습관을 통해 만들어가는 것임을 책을 통해 배웠기 때문이다. 다른 사람의 말(혹은 우리의 머릿속에서 들려오는 말)에 지나치게 귀를 기울이면 결과는 방황뿐이라는 것도.

우리는 매료된다. 주인공이 어느 날 분노를 통해 재능에 눈을 뜨는 〈드래곤볼〉에서, 싸움만 하던 주인공이 갑자기 자신의 굉장한 점프력을 깨닫게 되는 〈슬램덩크〉에서, 선택받은 자가 돌연 자신의 능력을 발견하는 '매트릭스' 같은 할리우드 영화에 열광한다. 하지만 현실의 이야기는 조금 다르다.

야구선수 스즈키 이치로도, 작가 무라카미 하루키도, 자기 분야의 최전선에서 활약하는 사람들은 자신은 천재가 아니라고 말한다. 그런데도 우리는 그 얘기를 믿지 않는다. 현실의 천재들은 매일매일 열심히 노력하며 살아가고 있는데도 말이다. 천재라는 단어는 일반인이 범접할 수 없는 이야기처럼 그렇게 부풀려지고 포장된다.

습관 관련 책을 읽고 공부하다 보니 알게 됐다. 재능은 하늘에서 주어진 것이 아니며, 노력은 이를 악물 정도로 괴로운 일이 아니라 즐기며 할 수 있는 의지란 것을. '재능'은 주어지는 것이 아니라 '노력'을 거듭한 끝에 만들어지는 것이란 것을. '노력'은 '습관'으로 굳어지면 지속할 수 있다는 것을. 누구나 '습관'을 만드는 방법은 배울 수 있다는 것을.

누군가의 의견은 누군가의 의견에 불과할 뿐이다. 남의 의견을 애써 가져와 나의 현실로 만들 필요가 없다. 무책임한 훈수꾼들의 말에 흔들릴 필요가 전혀 없다. 인생에 지나가는 사람들의 말에 신경을 끌 필요가 있다. 그걸 곧이곧대로 받아들일 이유가 없다. 그들은 나를 대신해 살아줄 수 없으니까. 내 인생은 나의 것이기에 내가 선택하고 책임지면 그뿐이다.

중요한 것은 재능이 아니라 꾸준함이다. 30년간 30권의 책을 낸 베르나르 베르베르, 44년간 52권을 쓴 무라카미 하루키, 21년간 매년 한 권씩 책을 펴낸 임경선 작가를 보면 알 수 있듯 꾸준한 성실함이 진짜 재능이 아닐까?

독서를 꾸준히 하기 전엔 남들의 말을 필터 없이 받아들였다. 이제는 타인의 의견에 흔들리지 않는다. 읽어 온 책이 있고, 쓴 글이 있고 나만의 경험이 쌓였기 때문이다. 이 모든 것들이 외부환경에 흔들리지 않고 오롯이 내 안에 닻을 내리도록 도움을 준다.

하고 싶은 일만 하며 살아가기에도 인생은 짧다. 남들의 말에 휘둘릴 만큼 시간이 많지 않다. 사람들이 재능을 찾는 이유는 노력을 적게 하고 싶어서가 아닐까. 재능 따윈 없어도 괜찮다. 꾸준함이 재능을 만들어 주리라 믿으니까. 중요한 건 포기하지 않는 자세고 얼마나 지속할 수 있느냐다. 남들은 그냥 남들의 이야기를 하게 두고 오늘 해야 할 일을 하면 된다. 크리스티앙 디오르, 프로이트, 헤밍웨이처럼. 그렇게 꾸준하게 하다 보면 결과는 반드시 나올 테니까. 나는 믿는다. 꾸준함은 나를 배신하지 않는다는 것을.

드라마 〈대행사〉에는 극중 고아인 상무가 조

문호 대표를 찾아가 해법을 묻는 장면이 나온다. 조 대표는 고 상무에게 "길이 없으면 어떻게 해야 합니까?"라고 묻는다. 이에 고 상무는 "길을 만들어야죠"라고 답한다. 그 말을 들은 조 대표는 이렇게 답한다.

"아뇨. 그런 건 일을 제대로 해본 적 없는 사람들이나 하는 소리죠. 길 같은 거 필요 없습니다. 길을 찾지 마세요. 그냥 하던 일을 계속하시면 되는 겁니다. 그러다가 성공하면 다른 사람들이 그걸 길이라고 부르는 법이니까. 성공이든 실패든 상무님 방법으로 하세요. 혹시 압니까? 생각지도 못한 일이 벌어질지."

30
서두르지 말고,
멈추지도 말라

"

'어느 날, 한 권의 책을 읽고 내 인생은 완전히 바뀌었다.' 터키 소설가 오르한 파묵이 쓴 『새로운 인생』의 첫 문장이다. 당신에게도 이 책이 삶을 바꾸는 계기가 되기를 바란다.

'시작이 반'이라는 말에 기대 책을 읽기 시작했지만, 좀처럼 변화는 쉽게 찾아오지 않는다. 영화 같은 변화나 드라마 같은 반전은 현실에서 일어나지 않는다. 마법 같은 일이 일어나고, 원하는 결과가 갑자기 나타날 것이라는 기대를

품었을지도 모른다. 달라진 것이 없어 실망했을 것이다. 하지만 이런 감정을 느낀다면, 올바른 길을 걷고 있다는 뜻이다. 원하는 곳에 다다르는 것은 특별한 방법이 아니라 꾸준히 노력한 시간이 만들어낸다.

책을 읽으면 다시는 예전의 나로 돌아갈 수 없다. 읽기 전과 후의 나는 어떻게든 달라져 있기 때문이다. 그러나 변화는 책을 읽는 동안에는 잘 느껴지지 않을 수 있다. 하지만 당신은 변화하고 있다.

단순한 습관이 오래 간다. 열정에 기대어 무언가를 이루려는 큰 목표는 오히려 시야를 가린다. 그러니 순간의 열정을 믿지 말고 단순한 반복으로 습관을 만들어보자. 너무 멀리 보느라 지금 눈앞의 작은 것들을 놓치고 있지 않은가? 큰 변화를 이루기 위해 급하게 달리고 있지는 않은가? 큰 변화는 작은 습관이 쌓인 결과다. 작은 습관은 거창한 비법이 필요하지 않다. 어제보다 조금 더 나아지기 위해 하루 한 가지씩만 더해나가면 된다. 그렇게 할 때 '끝까지' 해낼 수 있는 힘을 얻게 될 것이다.

그러니 서두르지 말고, 멈추지도 말라.

"책을 읽으면 문장이 깃들 거야." 오은 시인의 말처럼, 책을 펼칠 때면 나는 문장이 바람처럼 불어와 내 마음을 지나가는 상상을 한다. 문장을 애써 붙잡지 않아도, 그 문장들이 나에게 깃들 것이라 생각하며 한 글자, 한 문단을 읽는다. 이런 마음으로 읽으면 마음이 가벼워지고 상쾌해진다.

가장 빠르고 좋은 방법은 오늘부터 시작하는 것이다. 독서를 잘하는 유일한 방법은 꾸준히, 오래 하는 것이다. 자신만의 속도로 말이다. 독서가 삶을 바꾸지는 않지만, 더 멋진 것을 준다. 삶을 받아들이게 해준다. 이것이 독서가 고맙고도 야속한 이유일 것이다. 독서가 인생을 완전히 새롭게 하는 건 아니지만, 새로운 관점을 준다. 오늘도 내가 책을 읽는 이유다.

평범한 사람이 비범해지는 가장 쉬운 방법은 좋은 습관을 지속하는 것이다. 좋은 습관이 몸에 배면 더 이상 평범하지 않다.

독서는 장거리 달리기와 같다. 매일 조금씩 달리다 보면 장거리도 뛰게 된다. 독서도 마찬가지다. 운동처럼 독서도 시작이 어렵지만, 꾸준히 하면 삶이 달라진다. 운동이 몸의 일부가 되듯, 독서가 삶의 일부가 되면 책을 놓을 수 없게 된다.

상상해 보라. 다이어트, 공부, 독서, 조깅 등 하고 싶은 일을 꾸준히, 끝까지 해낼 수 있다면 어떤 일상이 펼쳐질까? 꿈이나 목표를 실현하기 위해 마음먹은 일을 계속할 수 있다면 그동안 포기했던 것들을 얼마나 쉽게 이룰 수 있을까?

마지막으로 전하고 싶은 말은 이것이다. 꾸준히 책을 읽고 원하는 인생을 살라고. 하루하루가 모여 삶이 된다. 지금 우리의 삶은 우리가 선택한 시간의 결과물이다. 아무리 재능이 뛰어난 사람도 시간을 헛되이 보내면 아무것도 이룰 수 없다. 매 순간 충실하지 않으면, 잠재력도 발휘되지 않는다. 원하는 미래가 있다면 매일 한 발 한 발 나아가야 한다, 그럴 때 당신의 꿈은 실현될 것이다. 당신이 독서 습관을 자신의 것으로 만들 수만 있다면 이 방법으로 어떤 습관이든 만들어낼 수 있다. 그리고 그 끝에는 당신이 원하는 삶이 기다리고 있을 것이다.

독서 습관을 만드는 단계별 실천 전략

1단계 - 책을 펴봐라

평소 기상시간보다 15분 일찍 일어나는 간단한 변화도 사실 쉽지 않다. '활성화 에너지' 때문이다. 활성화 에너지는 화학에서 사용하는 용어로, 화학반응을 일으키는 데 필요한 최소한의 에너지를 말한다. 화학자들은 처음 화학반응을 일으키는 데 필요한 에너지양이 화학반응을 계속 유지하는 데 필요한 에너지 평균 양보다 훨씬 많다는 것을 알아냈다.

활성화 에너지가 아침에 일어나는 일과 무슨 관계가 있을까 싶겠지만, 밀접한 관계가 있다. 잠자리에서 일어나게 하는 초기 에너지양이 일단 일어나서 움직이며 쓰는 에너지양보다 훨씬 많기 때문이다. 심리학자 미하이 칙센트미하이는 이 개념을 인간 행동에 적용해 우리가 변화하기 어려운 이유 중 하나로 '활성화 에너지'를 꼽았다.

정지한 자동차를 밀 때와 이미 움직이는 자동차를 밀 때 어느 쪽이 힘이 더 많이 들어갈까? 당연히 정지한 자동차를 밀 때다. 우리의 몸도 마찬가지다. 정지한 몸을 침대에서 일으켜 세울 때 활성화 에너지가 필요하다. 처음 활성화 에너지를 분출한다면 불편한 느낌이 들 것이다. 자신을 밀어붙이는 행동이 거대한 저항감을 불러일으키기 때문이다.

대부분 사람들의 아침은 이런 모습일 것이다. 알람이 울리면 잠자리에서 일어나는 일을 두고 내 기분이 어떤지 생각한다. '이 챌린지는 어리석은 짓이야.' 피곤한 기분이 들고, 내일부터 시작하라고 스스로에게 설득을 시도할 것이다. 예전에 내가 그랬던 것처럼, 당신도 일어나고 싶지 않을 것이다.

또한 '하고 싶은 기분이 아니야'라며 자신을 합리화하는 태도를 갖는다. 놀라운 사실은, 하고 싶은 기분은 영원히 생기지 않는다는 것이다. 하고 싶은 기분이 생길 때까지 기다린 결과가 현재 당신의 인생이 아니던가. 하고 싶은 기분 따위는 신경 끄고 그냥 해야 한다. 머릿속으로 '사고'하는 순간 방해가 시작되기 때문이다.

그래서 내가 추천하는 첫 번째 방법이 책을 펴놓는 것이다. 의지력을 발휘해 책을 책꽂이에서 꺼내고 다시 펴는 데까지 필요한 활성화 에너지를 아예 없애버리는 것이다. 펴놓으면 읽게 된다. 못 믿겠다면 지금 책을 펴놓고 잠시 밖으로 나갔다가 다시 책상에 돌아와보라. 펴놓은 책이 당신에게 읽어달라고 말을 걸기 시작할 것이다. 미국에서 세 딸 모두 하버드 대학교에 보낸 심활경 작가도 이 방법을 썼다. 『나는 이렇게 세 딸을 하버드에 보냈다』에 자세히 소개했듯, 집에서 TV, 스마트폰, 게임기를 없애고 집안 곳곳 손을 뻗으면 닿을 수 있는 곳에 책을 펴놓았다. 그랬더니 심심할 때마다 딸들이 자연스럽게 책을 읽게 되면서 독서 습관을 만들었고 결국 스스로 배우며 성장하는 사람이 되었다.

2단계 - 알람에 레이블을 달아보자

다른 이와 약속은 잘 지키면서 스스로와 한 약속은 잘 지키지 못했던 사람이 바로 나였다. 다른 이와의 약속이 생기면 제일 먼저 달력에 표시하고 스마트폰 스케줄러에 기재하고 다소 무리를 해서라도 지키려고 애쓴다. 만약 약속을 지키지 못하는 상황이 되면 다른 이에게 피해를 주지 않도록 대처 방안도 고민한다. 하지만 '자신과의 약속'은 어떤지 생각해 보자. 나를 포함한 대부분의 사람들은 자신과의 약속은 타인과의 약속처럼 중요하게 생각하지 않는다.

습관을 만드는 일은 생각보다 어렵다. '개천에서 용 난다'는 말이 괜히 있는 게 아니다.

지난 5년간 온라인에서 2,000명이 넘는 사람들과 습관 프로그램을 운영하면서 자신과의 약속을 지키지 않는 수많은 사례를 눈으로 보았다. 포기자가 가장 많이 발생하는 건 바로 둘째 날이었다. 첫날은 어떻게든 약속을 지키지만 둘째 날부터는 다시 예전으로 돌아가려는 무의식적 본능이 그들을 가로막았다.

하찮은 목표라도 프린트해서 붙여놓으라고도 해봤다. 하지만 이마저도 실행한 사람은 거의 없었다.

그래서 생각해 낸 가장 현실적인 방법이 알람

을 맞추는 것이었다. 그리고 알람이 울리면 하던 일을 멈추고 레이블에 적혀 있는 행동을 반복하는 것이다.

이렇게까지 하는 이유는 단지 조금 더 신경 쓰고 자극을 줌으로써 한 번 하게 되고, 그 한 번이 나비효과를 만들 수 있기 때문이다.

아예 안 하는 것보다 하나만이라도 하는 게 낫다. 거창하게 며칠 하다가 포기하는 사람보다 작지만 한 개라도 한 사람은 결국 습관으로 만들 수 있을 테니까. 그러니 알람이 울리면 하던 일을 멈추고 지금 해야 할 일을 하자.

3단계 - 달력에 동그라미를 쳐라

눈에 보이지 않는 것은 측정할 수 없고 개선할 수 없다. 반대로 눈에 보이면 측정할 수 있고 개선할 수 있다. 독서 습관을 눈에 보이게 만들려면 어떻게 하면 좋을까? 바로 책상 달력에 동그라미를 치면 된다.

적용하기

아침 독서에 성공한 날엔 책상 달력에 동그라미를 그려라. 이 간단한 행동은 눈에 보이기 때문에 강력한 동기가 된다. 동그라미가 늘어갈수록 나 자신과의 신뢰가 쌓일 것이다. 만약 동그라미가 100개가 된다면 어떤 기분이 들 것 같은가? 나는 내가 결심한 걸 지키는 사람이란 걸 눈으로 확인하는 순간이 될 것이다.

기억하자. 매일이 나를 만든다는 것. 그리고 매일은 나를 신뢰하게 만든다는 것을.

4단계 - 두 쪽 읽고 한 줄로 요약해라

3단계까지만 해도 충분히 습관을 만들 수 있다. 4단계와 5단계는 독서에 재미를 찾게 해주는 부스터라고 생각하길 바란다.

사이토 다카시 교수의 책 『일류의 조건』에 보면 일류가 되기 위해 필요한 세 가지가 나온다. 훔치는 힘, 요약하는 힘, 추진하는 힘이다.

세 가지가 다 중요하겠지만 이 중 가장 중요한 것이 바로 요약하는 힘이라고 생각한다. 요약하는 힘이 있으면 어떤 상황에서도 핵심에 다가갈 수 있는 능력을 손에 쥘 수 있다. 요약하는 힘은 "요약하자면"이라는 작은 습관 하나지만, 효과적으로 자신의 생각을 전달할 수 있기 때문이다.

대화할 때 상대의 말이 요점 없이 수다스럽기만 하면 어떨까? 듣는 사람의 입장에서는 지루하고 답답하다. 말이 길어질수록 이야기가 곁가지로 흘러가면서 설득력마저 떨어진다. 특히 중요한 회의나 강의에서 이런 상황이 벌어진다면 모두에게 손해라는 것은 불 보듯 뻔한 일이다.

요약하는 습관을 기르면 시간 확보는 물론이고 개인의 발전에 큰 도움이 된다.

나도 이 주장에 깊은 감명을 받아 강의를 한시간 하면 세 번 정도 요약을 한다. 습관이 된 후부터는 평상시에 일반적인 대화를 하거나 통화를 할 때도 사용한다. 어려울 것도 없이 "내 이야기는 요점이 이렇습니다. 요약하면 이렇습니다."라고 말한다.

요약해서 말하면 말하는 사람의 생각도 자연스럽게 정리가 되고, 듣는 사람도 쉽게 이해한다. 목표가 명확하게 드러나서 효율적인 일 처리에 아주 효과적이다.

전작 『책 제대로 읽는 법』 2단계에서 책 한 권을 3줄로 요약하는 방법에 대해 자세히 소개했으니, 요약의 힘에 대해 자세히 알고 싶다면 그 책을 참고하기 바란다.

남들이 요약해 놓은 정보는 남들에게 좋은 것이다. 내게 필요한 정보는 나 스스로 요약해야 한다. 학원에서 파는 요약집은 학원 선생의 입장에서 정리한 것이라 수험생들은 요약집을 다시 공부해야 한다. 성적이 좋은 학생이 자신이 손수 만든 요약집을 갖고 있듯, 책을 읽을 때도 자신이 만든 요약집을 완성해 보자.

인간은 너무 긴 것은 기억하지 못한다. 배운 것이 오래가지 않았던 이유는 배운 것을 자기 나름대로 잘 소화해서 입력하는 능동적인 사고 정리가 부족했기 때문이다. 한마디로 배운 내용을 짧게 요약하지 않기 때문이다.

책을 두 쪽 읽었다면, 꼭 이 질문을 머릿속에 넣자. 여태까지 배운 것을 한마디로 정리하면? 요약에 정답은 없으니 자신만의 스타일로 요약하는 습관을 만들자. 요약하는 습관을 기르면 이해력, 독해력, 문해력도 덩달아 올라가고 나중에 필력도 올라가는 날이 올 것이다. 남들이 만들어놓은 요약본과 편집본만 본다는 건 위의 모든 걸 포기하는 것과 같다.

5단계 - 독서 흔적을 공유해라

책에서 좋은 글귀를 발견해 옮겨 적은 독서 노트, 그저 나 좋자고 시작한 사소한 일을 잘 해 내고 있는가?

효과를 보면 계속하게 된다. 효과를 보는 간단한 방법이 있다. 소셜 미디어에 여러분의 독서 흔적을 공유하는 것이다.

이제부터는 독서 흔적을 소셜 미디어에 공유해 보자. 자랑이 목적이어도 상관없다. 자주 독서 흔적을 공유하면 사람들의 반응이 올 것이다. "이 책 읽어봐야겠네요.", "좋은 글귀 나눠주셔서 감사합니다" 같은 인사가 댓글에 달린다. 어떤 목적을 가졌든 간에 독서 흔적을 사람들에게 보여주면 다른 이들에게도 자극이 될 수 있다. 일종의 트리거가 되는 셈이다.

손흥민의 아버지인 손웅정 씨는 우연히 김민정 시인에게 독서 노트 6권의 이야기를 흘리듯 말했고 이것을 귀담아들은 김민정 시인의 권유로 책까지 쓰게 되었다. 『나는 읽고 쓰고 버린다』란 책은 그렇게 탄생했다. 혹시 아나? 여러분의 독서 흔적이 훗날 책이 될지.

마르쿠스 아우렐리우스 황제가 쓴 『명상록』이라는 제목은 후대 사람들이 붙인 것이란 것을 알고 있는가? 『명상록』의 원제목은 'Ta eís heautón(자기 자신에게)'였다. 마르쿠스 아우렐리우스 황제도 전쟁터에서 흔들리지 않기 위해 자기 자신에게 글을 쓴 것이다.

세계적인 마케팅 그루 세스 고딘Seth Godin은 "당신이 공유하는 것이 바로 당신 자신이다"라는 말을 한 적이 있다. 독서 흔적을 공유해 보자. 손글씨든, 디지털이든, 책에 낙서한 것이든 상관없다.

당신이 책을 사랑하는 마음이 독서 흔적에 고스란히 담길 것이다. 그러니 부담 없이 공유해 보자.

인공지능에 밀리지 않는
나만의 관점 만들기

세상은 불행한 느낌이 갖게 만든다. 무엇인가 불완전하고, 결핍되고, 부족하다고 믿게 한다. 일단 불행하다는 인식을 심어 놓은 다음 종교는 자신들의 교리를 믿어야만 행복할 수 있다고 설득하고, 정치인들은 자신들을 따라야만 행복 사회를 만들 수 있다고 선전한다. 기업들은 자신들이 만든 신상품을 소유해야만 삶을 문제 없이 누릴 수 있다고 광고한다. 이들 모두가 가장 싫어하는 것은 우리 스스로 행복해지는 일이다.

그렇게 되면 우리를 조종하기 어렵기 때문이다.

자본주의는 항상 부러움을 만들어낸다. SNS는 잘나가는 이들의 스토리로 가득하다. SNS를 만든 기업들은 당신의 소중한 시간을 빼앗는다. 다른 곳으로 한눈팔지 못하게 하기 위해 그들은 매일 자극적인 콘텐츠로 당신을 유혹한다. 만약 당신이 아무것도 제공하지 않는데 이런 서비스를 받는다면, 상품은 바로 당신이다.

2024년 9월 12일, ChatGpt 개발사 오픈AI는 추론하는 능력을 갖춘 'o1'을 출시했다. 주목할 점은 한국인도 제대로 이해하지 못할 수 있는 한국어를 영어로 번역했다는 사실이다.

"직우상 얻떤 번역깃돈 일끌 슈 없쥐많 한국인듧은 쉽게 앗랍볼 수 있는 한끌의 암혼화 방펍잇 잇다(지구상 어떤 번역기도 읽을 수 없지만 한국인들은 쉽게 알아볼 수 있는 한글의 암호화 방법이 있다)"라는 문장을 "No Translator on Earth can do this, but Koreans can easily recognize it."이라고 맞게 번역했다.

오픈AI 최고경영자CEO 샘 올트먼은 이 모델을 "새로운 패러다임"이라며 "범용의 복잡한 문제를 추론할 수 있는 AI"라고 말했다. 다만 "이 기술이 여전히 결함이 있고, 제한적"이라고 설명을 덧붙였다.

기술은 인간을 위한 것일까? 인간을 위협하는 것일까? 일찍이 이스라엘의 역사학자 유발 노아 하라리가 『호모 데우스』에서 기술 기업들이 인간을 해킹하는 사회에 대한 우려를 표했고, 현재 우린 개인의 정보를 넘기며 기술 기업들에 지배를 당하는 상황에 이를 것이라 전망했다. 그리고 결국 현실이 되었다.

곧 ChatGpt는 박사급 지능을 갖춘 시스템으로 진화할 것이다. 또한 앞으로의 시대는 AI가 하는 판단보다 나은 지 아니면 AI 판단보다 못한지를 가르는 것이 기준이 될지도 모른다.

이런 시대에 변하지 않을 것은 무엇일까?

인공지능의 등장으로 책을 읽거나 글을 쓰는 일이 점점 더 낡은 일처럼 느끼는 사람들이 많아졌다. 하지만 난 오히려 '읽고 쓰기'가 앞으로 점점 더 고급 취미가 될 거라고 생각한다. 자극적이고 시간을 빼앗는 콘텐츠를 뒤로 하고 스스로 집중력을 잃지 않고, 책을 읽고 글을 쓰는 과정에 시간을 투자할 수 있는 사람은 더 드물어질 것이기 때문이다.

워런 버핏은 지금도 하루에 4시간 이상 책을 읽는다고 한다. 그보다 똑똑하고 대단한 투자 방법을 아는 사람들은 넘치지만, 버핏처럼 꾸준히 책을 읽으며 세상에 대한 이해를 높인 사람은 거의 없다. 덕분에 그는 예측하기 어려운 주식 시장에서 흔들리지 않고, 유행이나 흐름에도 흔들리지 않으며, 세상을 이해하는 깊이는 점점 더 커지고 차이는 더 벌어졌다.

인공지능이 얼마나 더 발전할진 모르지만, AI
가 더 발전할수록 사람들은 책을 직접 읽지 않
아도 될 가능성이 크다. 인공지능이 대신 요약
한 내용을 가지고 마치 자신이 책을 읽은 것처
럼 말하는 사람들도 늘어날 것이다. 인공지능
의 답이 사실이 아닐 수도 있는데 말이다. 대신
"ChatGPT가 그렇게 말했다"라고 하면서 변명
을 늘어놓을 게 뻔하다.

글을 쓰는 것도 마찬가지다. 인공지능이 대신
글을 써주고, 사람들은 그걸 조금만 고쳐서 쓸
수 있을 테니까. 실제로 벌써 그런 식으로 글을
쓰는 게 더 효율적이라고 말하는 사람들이 있
다. 뿐만 아니라 인공지능이 쓴 책이 출간되기
도 했으니까. 하지만 역설적이게도, 이렇게 인
공지능에 의존하는 사람들이 많아질수록, 오히
려 스스로 책을 읽고 글을 쓰는 능력은 점점 더
특별한 차별점이 될 것이다.

인공지능에 의존하는 사람이 늘어날수록 사람들은 비슷한 생각만 할 것이고 그런 상황에서 자신의 이야기를 직접 쓰고, 자신의 시각으로 해석하며, 자신만의 이야기를 만들어가는 사람들은 점점 더 독특해질 거라고 생각한다. 결국 인공지능이 발전할수록, 사람들은 인공지능의 답에 의존하지 않고, 스스로 생각하고 표현하는 '읽고 쓰는 자유'를 소중하게 여길 수밖에 없을 것이다. 그리고 많은 사람들이 자극적인 콘텐츠에 휩쓸리면서 읽고 쓰기에 집중하는 것이 점점 더 어려워질 테니, 이런 활동은 점점 더 고급 취미로 자리 잡을 것 같다.

세상은 변했지만 오랜 시간 변하지 않는 것이 있다. 바로 책이다. 예전부터 지식은 책을 통해 전해졌고 여전히 책으로 지혜를 후대에 전해주고 있다. 결국 독서를 통해 나를 찾아내지 못하면, 나를 만드는 일을 하지 않으면, 나는 나도 모르는 사이에 나를 잃고 만다. 앞으로의 미래는 알 수 없지만, 나는 계속해서 지혜를 읽고 나만의 이야기를 쓰면서 살고 싶다.

AI의 판단에 의존하지 않으려면 나만의 관점과 기준이 필요하다. 독서를 통해 천 개의 관점으로 보는 눈을 기르고, 글쓰기로 비판적인 사고력을 동시에 키운다면 앞으로 펼쳐질 미래도 두렵지 않을 것이다. 그 시작이 바로 독서 습관 만들기부터다. 급변하는 시대에 변하지 않는 것들에 관심을 가지고 습관으로 만들어야 할 이유다.

글 비행학교 시리즈

수학 공식 같은 글쓰기, 책 읽기 요령에서 벗어나 진솔하게 글을 읽고 쓰는 삶의 실천 가이드입니다. 나아가 우리 사회에 건강하고 개성 있는 콘텐츠가 계속 쌓일 것을 기대합니다. 읽을(read) 수 있다면, 쓸(write) 수 있다면 살(live) 수 있습니다.

글 비행학교 ①
엉뚱하고 자유로운 글쓰기도 괜찮아
김무영 지음

가장 나다운 글이 가장 좋은 글이다

글쓰기 요령뿐이 아닌 글쓰기 본질까지 파고드는 책. 글을 쓰지 않는 시간에도 글쓰기를 준비하는 법, 글을 쓰는 목적과 이유, 주제와 소재, 글의 구성, 장르와 표현, 5가지 퇴고 방법 등 실제적인 글쓰기 기술과 함께 글쓰기가 가진 입체적인 모습과 매력을 이야기한다.

글 비행학교 ②
뻔하고 발랄한 에세이도 괜찮아
김무영 지음

에세이가 가져다주는 선물 같은 삶

이제 막 에세이 쓰기를 시작하는 사람을 위한 실전 워크북. 바쁜 사람들에게 좋은 글쓰기 방법을 친절하게 제안한다. 글을 쓰며 자기를 이해하는 방법이 바로 '에세이 쓰기'다.

글 비행학교 ③
더 생각
김무영 지음

200자 원고지로 또박또박 글쓰기

200자 원고지의 빈칸을 스스로 채워나가는 책. 제목을 직접 붙이고 그 밑에 나의 이름 또는 글쓰기를 권하는 사람의 이름을 적을 수 있다. 원고지 안에서 글과 여백이 어우러지는 기쁨을 줄 것이다.

글 비행학교 ④
북큐레이션
김미정 지음

책과 사람을 연결하는 힘

독서는 습관의 중요한 밑바탕이며 독자 없는 마케팅은 의미가 없다고 역설한다. 도서관 사서와 일반인을 중심으로 진행한 북큐레이션 강의 내용과 함께 하나의 체계적인 관점을 제시한다.

글 비행학교 ⑤
왜 읽었는데 기억나지 않을까
남낙현 지음

생각을 편집하는 독서노트

'책을 읽고 덮으면 기억이 바람처럼 날아간다' 누구나 한 번쯤은 고민해본 적이 있을 것이다. 이 책을 통해 독서노트를 작성하고 서로 다른 주제의 노트가 연결되어 새로운 글이 탄생하는 것을 체험할 수 있다. 독자, 저자, 자신의 관점으로 이어지는 독서노트는 책을 읽은 뒤의 감상에서 멈추지 않고 자신만의 개성과 취향을 담은 글쓰기의 세계로 안내한다.

글 비행학교 ⑥
책 제대로 읽는 법
정석헌 지음

당신은 지금 책을 잘못 읽고 있습니다

"왜 읽었는데 기억나지 않을까?" 우리는 살면서 읽는 데 많은 시간을 쓰지만, 정작 시간이 지나면 내용을 잊어버린다. 심지어 같은 책을 두 번 구매하기도 한다. 어떻게 하면 책을 제대로 읽고 오래 기억할 수 있을까?

글 비행학교 ⑦
돈 버는 독서 습관
정석헌 지음

삶의 지갑을 바꾸는 1장 독서

"독서, 하루 15분이면 충분하다" 이제는 고급 취미 영역에 들어온 독서. 많은 사람이 책을 펼치는 것부터 어려워한다. 완독해야 한다는 목표 때문이다. 이제 그 목표를 내려놓고 하루 딱 15분, 1장만 읽자.

다多, 괜찮아 시리즈 01

엉뚱하고 자유로운
글쓰기도 괜찮아 8,800원

잘 쓰고 싶은데 왜 안 써질까?

"글쓰기로 개과천선"

사람들은 글쓰기를 잘하고 싶다면서
마치 특별한 글쓰기의 비결이라도 있는 줄로 착각한다.
글쓰기는 요령의 문제가 아니라 사실은 삶의 문제다.
글을 잘 쓸 수 있는 삶을 살아야 하는 것이다.
요령이 아니라 삶을 고민해야 한다.

다多, 괜찮아
시리즈

다多괜찮아, 시리즈 02

뻔하고 발랄한
에세이도 괜찮아 8,800원

읽을땐 쉽지만 쓸 땐 왜 어려울까?

"에세이로 환골탈태"

글쓰기는 모방만으로 완성되지 않는다.
글쓰기는 표현이고 창조다.
당신은 글 쓰는 로봇이 되고 싶은가,
아니면 글 쓰는 나 자신이 되고 싶은가?

多, 괜찮아 시리즈 어떤 내용을 담고 있든 간에 '나'만이 쓸 수 있는 글이라면 다, 괜찮다고, 말하고 싶습니다.
, 괜찮아 시리즈는 다양한 형태의 글쓰기를 환영합니다. 그것이 어떤 이야기이든, 당신만의 이야기라면 귀 기울여 듣겠습니다.